●特別公開「浅井氏の竹生島信仰と秀吉の大望〜浅井三姉妹　心の源流〜」展図録

戦国武将の竹生島信仰

竹生島宝厳寺・長浜市長浜城歴史博物館

JN273927

ごあいさつ

竹生島…。この琵琶湖に浮かぶ小島のことを、湖北の人々は親しみを込めて「お島さん」と呼んでまいりました。竹生島は、「浅井の守り神」「浅井の民の心のよりどころ」として、湖北の人々に信仰されてきたのであります。戦国時代、湖北の領主「浅井家」も竹生島の弁才天を厚く信仰いたしました。中でも当山に伝わる「蓮華会《れんげえ》」法要は、その信仰行事の最大の法要で、その主催者を歴代の浅井家当主は特段に大切に勤め、民衆の平和を祈願しています。この乱世の時代、二代目当主「浅井久政」は、浅井の民の生活の安定に心を砕き、三代目当主「浅井長政」は、誇り高き大名として湖北の自然を愛し、そして浅井の民と心を通わせて治めたと言われています。そこには神仏の心を持って統治に努めた浅井家の姿が見られるのです。

さて、信長は姉川の合戦の後、羽柴秀吉に浅井の領地を与えました。長浜の地に城を建てた秀吉は、領国統治の一貫として北近江の主要寺社の所領安堵を行なっていますが、その際竹生島には特に厚い保護を授けています。そこからは浅井の民を治めるため、いかに秀吉が竹生島を重要視していたかが読み取れます。

一方、母「お市」の自刃の後、歴史の荒波にのまれ、波乱万丈の人生

を送った「茶々」「お初」「お江」の三姉妹。しかし、力強く・気品高く・しなやかに生きていく三姉妹のその根底に持っているものは、「長政」「お市」から受け継がれた「浅井の心」「浅井の誇り」であったのではないでしょうか。

本展示会では、戦国時代、半世紀にわたり北近江を統治した戦国大名浅井氏の竹生島に対する特厚なる信仰のあり方と、戦国武将として一心不乱に立身への大望を抱いて行動していた若き日の秀吉の竹生島への思いを、竹生島に残された資料などを駆使して明らかにします。もちろん、浅井氏の竹生島信仰は、浅井の血を引く三姉妹にも受け継がれているはずです。竹生島をめぐる歴史の流れと寺に伝わる浅井家関連の資料などから三姉妹の心の源流を探ってみたいと思います。皆様に、三姉妹に流れる「浅井の心」の一端を感じていただければ幸いに存じます。

文末になりましたが、ＮＨＫ大河ドラマ「江～姫たちの戦国」の放映に合わせて開催いたしました特別公開「江・浅井三姉妹　心の源流」に際しまして、長浜城歴史博物館学芸員北村大輔氏をはじめとして、竹生島奉賛会、㈳長浜観光協会、琵琶湖汽船、オーミマリンなど関係各位のご助力に深く感謝申し上げます。

平成二十三年四月

竹生島宝厳寺　管主　峰　覺雄

目次

第二章　浅井氏の竹生島信仰

第三章　浅井三姉妹と竹生島

第四章　武将と竹生島

凡例

＊この図録は、竹生島宝厳寺が主催し、長浜市長浜城歴史博物館・竹生島奉賛会が共催した特別公開「浅井氏の竹生島信仰と秀吉の大望～浅井三姉妹　心の源流～」（春の公開：平成二十三年五月一日～三十一日、秋の公開：同年十月八日～十一月六日）の解説図録である。
＊資料の中には、春の公開時または秋の公開時のみ展示するものもある。
＊図版に付した番号は、列品解説の番号と一致する。
　資料名にある記号は、
◎…重要文化財　□…滋賀県指定文化財
△…長浜市指定文化財　Ⓡ…複製資料を示す。
＊法量は特に記さない場合は、原則としてタテ×ヨコで示し、単位はすべてセンチメートルである。
＊この図録の執筆は、長浜市長浜城歴史博物館の北村大輔が行った。ただし、コラム「浅井郡の名僧　良源」の執筆は同館の福井智英が行った。編集は、北村が担当した。

序章　浅井三姉妹の心の源流――竹生島――

戦国時代、十六世紀中頃から後半にかけての約五十年間、亮政・久政・長政の三代にわたり北近江を支配した戦国大名浅井氏は、戦国大名としては弱小勢力ながら、長政時代には織田信長と同盟を結び、戦国乱世の歴史に大きな足跡を残した。その浅井氏を一層全国的に有名にしているのは、三代目の長政が、信長の妹である「市」を正室に迎えたこと。さらには、長政と市の間に生まれた「茶々」「初」「江」のいわゆる浅井三姉妹それぞれが、両親の自刃、浅井氏滅亡という悲哀を抱えつつも、その後の日本の歴史の中で重要

小谷山から竹生島をのぞむ
©写真提供：江・浅井三姉妹博覧会実行委員会

な役割を果たしたことにあると言ってよい。

その三姉妹は、天正元年（一五七三）に浅井氏の居城小谷城が落城して以来、ふるさと近江国浅井郡（現、長浜市）を離れ、それぞれの道を歩むことになる訳だが、三姉妹の心の中に流れる精神的支柱は、父長政、祖父久政、曽祖父亮政や浅井一族が持ち続けた浅井の地を大切にする思い、また浅井の地に根付いた信仰の心であろう。この特別公開では、浅井氏が強く持ち続けた心の拠り所、琵琶湖中の霊島「竹生島」の神仏に対する信仰心を、他の武将たちのそれと比較しながら明らかにし、三姉妹の心の源流を探る。

浅井三姉妹

伝　淀殿像
（奈良県立美術館蔵）

浅井長政とお市の長女「茶々」（淀殿）。永禄10年（1567）もしくは永禄12年（1569）生まれとされている。したがって、天正元年（1573）の小谷城落城時には、6歳前後であった。後、豊臣秀吉の側室となり、豊臣秀頼を産む。秀吉の没後、徳川家康と対立し、慶長20年（1615）の大坂城落城時に秀頼と共に自刃する。

文禄３年（1594）には、父長政の供養のために養源院《ようげんいん》を建立している。養源院に安置されている弁才天像は、浅井長政から正室の「お市」へ、お市から娘「茶々」へ、茶々から妹「江」へ、受け継がれたものであると伝わっている。

常高院像
（小浜市　常高寺蔵）

次女の「初」。元亀元年（1570）生まれとされている。ちょうど、浅井長政と織田信長が戦った姉川合戦の年に生まれているので、浅井家にとって大変厳しい時代に産声をあげたことになる。天正15年（1587）には京極家の当主、京極高次と結婚。18歳の時である。慶長14年（1609）夫高次が亡くなると出家し常高院《じょうこういん》と号した。秀頼・淀殿と家康が対立した時には、その間に入って講和を促す努力を尽くしたが、結局、慶長20年（1615）大阪城は落城した。常高院自身は、寛永10年（1633）64歳で没している。

崇源院像
（京都市　養源院蔵）

三姉妹の末娘の「江」。天正元年（1573）小谷城で生まれる。同年は、信長による浅井攻めのピークを迎え、小谷城が落城した年である。したがって、江が生まれた場所は、麓の屋敷とは想定しがたいので、小谷山の山上と考えられている。江は３度の結婚を経験するが、３度目の結婚で徳川家康の子秀忠と結婚し、後に３代将軍となる家光の母となった。江自身には故郷浅井郡（現、長浜市の一部）の記憶は、ほとんどなかったと思われるが、徳川将軍の母となった崇源院《すうげんいん》（江）は、竹生島に徳川家の葵の紋付の品を贈っている。寛永３年（1626）江戸城において亡くなった。54歳であった。

第一章

竹生島宝厳寺

Ⓡ16　竹生島祭礼図（複製）（部分）

△2　**弁才天坐像**　竹生島宝厳寺蔵

竹生島の祭礼行事である蓮華会《れんげえ》の際に、頭人《とうにん》が島へ奉納した弁才天像。頭人が奉納したものとしては、現存最古のものであり、かつ奉納人、製作仏師も判明している点で貴重である。蓮華会の歴史を考える上でも貴重な資料である。

□3　**弁才天像**　竹生島宝厳寺蔵

弁才天は福徳・延寿・財宝を司る女神として信仰されている。本像は八臂《はっぴ》で、それぞれの手に持物を執り蓮華座上に坐す。左右には十五童子や大黒天などを配している。描法などから製作は南北朝時代と推定されている。

4　**弁才天像**　竹生島宝厳寺蔵

波立つ海中に立つ岩座上に坐す二臂《にひ》の弁才天は視線を左下に向け、四弦の琵琶を持っている。冠をつけ唐服を着用し、切金の二重円光を負う。背後には水墨で瀑布が描かれ、濃密な弁才天とは対照的である。

5　**聖観音立像**　竹生島宝厳寺蔵

ヒノキの一木造りの聖観音像。前後に割矧《わりは》いで内刳《うちぐ》りし、三道下で割首とする。なで肩ですらりと立ち、形式化した衣文線など十二世紀中頃の作と推定される。

□6　**不動明王坐像**　竹生島宝厳寺蔵

正面を向き、髪をまばら彫りの総髪とし、左肩前方に弁髪を垂らす。額にわずかに水波の相が見て取れる。両眼は大きく見開き、上の牙で下唇を噛む忿怒の様相を示す。細部の特徴から11世紀前半の作と考えられ、竹生島現存最古の彫像である。

7　平経正像（絵馬）　八木奇峰画　竹生島宝厳寺蔵

平安時代末期、平経正が竹生島へ立寄り得意の琵琶を竹生島明神の前で演奏したことに因む絵馬。島の祭礼行事に深い関わりを持つ下八木村・冨田村（共に現長浜市）による奉納。絵師は下八木村出身の八木奇峰である。

※パネル展示「経政詣竹生島」小堀鞆音画　明治二十九年（原本）東京藝術大学蔵

経正が竹生島へ詣でるエピソードは『平家物語』に登場する。木曽義仲を追討するべく平維盛を総大将とする平氏10万余騎の軍勢は、琵琶湖畔を北上していた。軍勢が海津（現、高島市）、塩津（現、長浜市）あたりにさしかかった際、副将軍平経正は従者数名を連れて竹生島へ渡った。経正が琵琶の名手であることを知っていた竹生島の僧たちは、経正に琵琶の演奏を請う。「上玄・石上」の秘曲を奏でたところ、その澄んだ音色に竹生島明神は感応し、経正の袖の上に白龍となって現れたという。

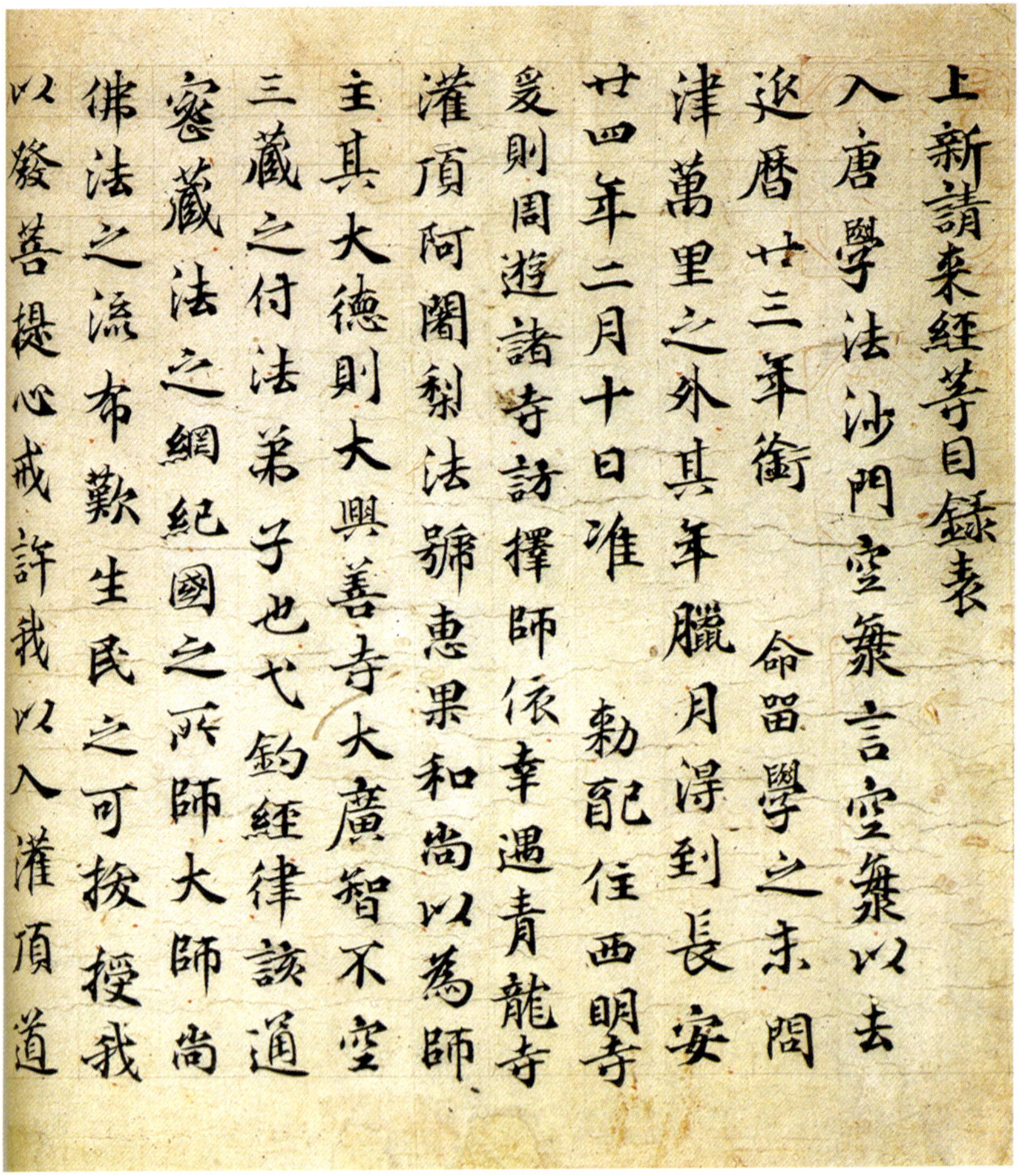
上新請来經等目録表
入唐學法沙門空海言空海以去
延暦廿三年銜　命留學之末問
津萬里之外其年臘月得到長安
廿四年二月十日准　勅配住西明寺
爰則周遊諸寺訪擇師依幸遇青龍寺
灌頂阿闍梨法號恵果和尚以為師
主其大徳則大興善寺大廣智不空
三藏之付法弟子也弋釣經律該通
密藏法之綱紀國之所師大師尚
佛法之流布歎生民之可拔授我
以發菩提心戒許我以入灌頂道

◎8　**空海請来目録**　竹生島宝厳寺蔵

請来《しょうらい》目録とは、日本の僧侶が中国へ求法《ぐほう》した後、中国から持ち帰った経典や論疏《ろんしょ》などの目録である。料紙にうすい金罫を引き、510行にわたり空海（弘法大師）が請来した経論疏や仏具などを記している。

◎11　**毛抜形太刀**　竹生島宝厳寺蔵

この太刀は、衛府《えふ》の官人が佩用《はいよう》するので衛府の太刀ともいう。刀身《とうしん》と柄《つか》を共鉄《ともてつ》で造り、柄の中央に大きく毛抜きの形を透かす。火災で焼け身になったと伝わっており、刃文《はもん》は再刃《さいは》と思われる。毛抜形太刀は全国に５口《ふり》しか現存しておらず大変貴重である。

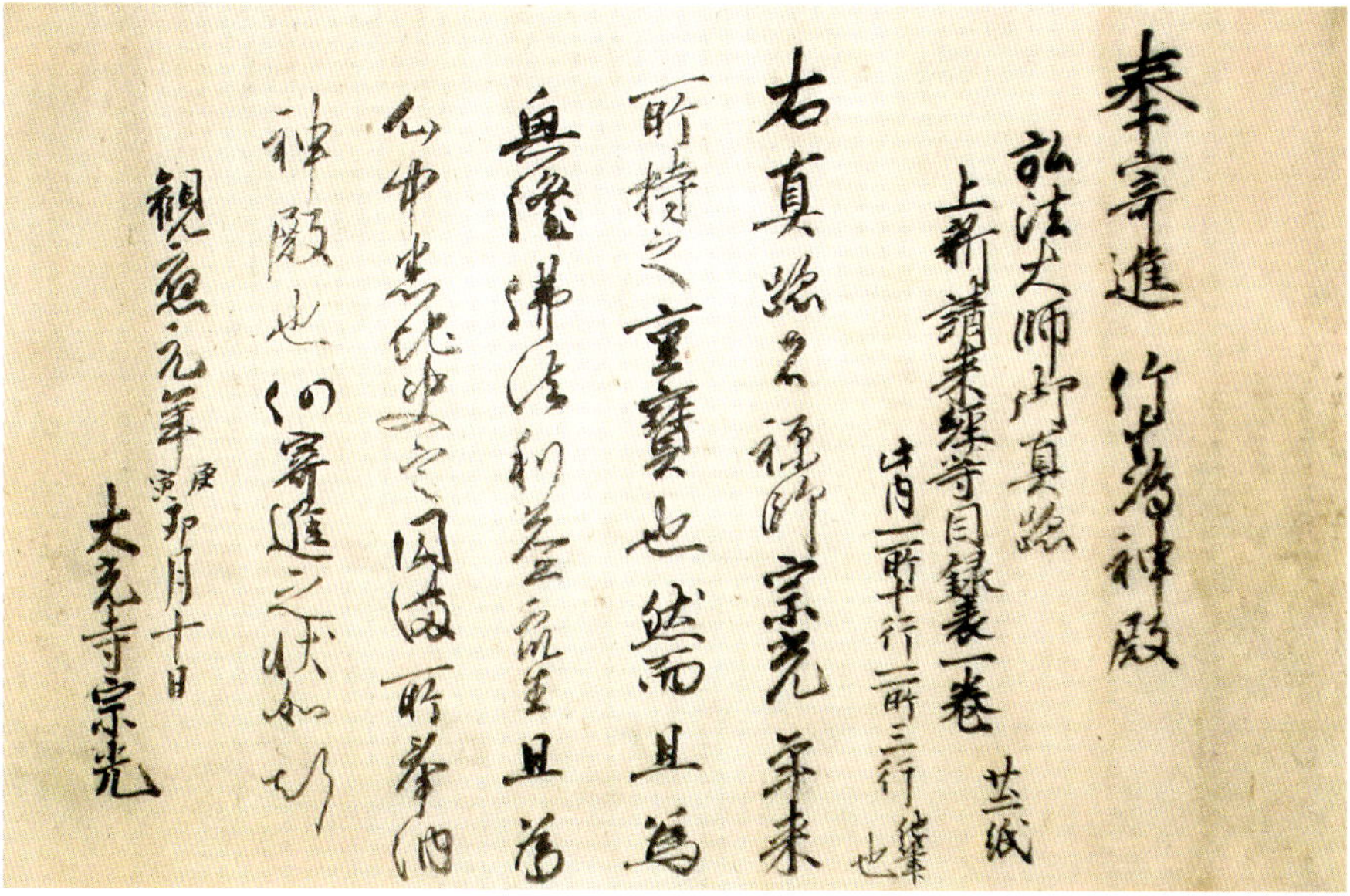

奉寄進　竹生嶋神殿
弘法大師御真筆
上新請来経等目録表一巻　竝紙
此内一所十行一所三行他筆也
右真筆之稀所宗光年来
所持之重宝也然而且為
興隆佛法利益衆生且為
仏中先祖出離因縁所奉納
神殿也仍寄進之状如件
観応元年庚寅卯月十日
大光寺宗光

◎9　**大光寺宗光寄進状**　竹生島宝厳寺蔵

大光寺宗光が、空海請来目録を竹生島神殿に寄進した時の寄進状。寄進の目的が仏法の興隆や衆生の利益などを願ってのことであることや、目録中の２ケ所、計13行が他筆であることなどが記されている。他筆の原因は、10行分を摂家将軍と呼ばれた鎌倉幕府第４代将軍藤原頼経に上呈するために切り取り、３行分は頼経の側近である中原師員に贈られたためであることがわかっている。

Ⓡ16　**竹生島祭礼図（複製）**　（原本）東京国立博物館蔵

竹生島最大の祭礼行事「蓮華会」の様子を描写したもの。弁才天堂を中心に伽藍が展開し、祭の主人公である頭役を乗せた豪華な船が船渡御を繰り広げる。また弁才天堂前の舞台では舞楽が奉納され、小島（画面右端）の対岸の小島権現拝殿には読経する僧が描かれている。中世末期の華やかな祭礼の様子を写実的に伝えている。船渡御の先頭を進む「鳥船」２艘の内１艘（後ろの船）の幕には、浅井家の紋である三盛亀甲紋が描かれており、浅井一族の誰かが祭を執行した時に、この祭礼図が描かれたのかもしれない。

竹生島宝厳寺の開基

寺伝によれば、竹生島は神亀元年（七二四）聖武天皇の勅願により行基が開基した。このことを確かめる術はないが、聖武天皇と竹生島の関わりを示す伝承は竹生島とその周辺地域に残っている。

島内の「宮崎」と呼ばれる崎の先端近くに建つ石塔は「聖武天皇供養塔」とされ、中世から現在に至るまで連綿とその場所に立ち続けている。近世以前の宮崎は、竹生島の宗教的中心施設であった弁天堂に通じる島への正式な入口となっていた。現在の宮崎は岩石が切り立ち、およそ人が気軽に通行できるような地形にはなっていない。しかしかつては「菅浦与大浦下荘境絵図」（十四世紀前半）や「竹生島祭礼図（東京国立博物館本）」（室町時代後期）・「竹生島祭礼図（大和文華館本）」（江戸時代初期）に描かれているように、宮崎の先端付近から鳥居をくぐり、拝殿、弁天堂へ向かう参道があり、その脇には聖武天皇供養塔と思われる石塔が立っている。

その他、島内には聖武天皇の行幸の際に作った道という「御幸坂《みゆきざか》」が、観音堂と都久夫須麻神社本殿を繋ぐ渡廊の北側（開山堂跡の西側）から宝物殿の下へと通じている。現在はほとんど通行することがないこともあって、石段が一部崩れている箇所もあるが、「竹生島祭礼図（東京国立博物館本）」には、開山堂の西側から三重塔の東側に至る「御幸坂」が描かれている。聖武天皇が竹生島へ行幸したという公式記録は残されていないが、島では遠く奈良時代の記憶として話し継がれ、江戸時代の資料によれば聖武天皇は二度竹

弁才天像（御前立）
ご本尊の弁才天像を安置している厨子の前に立つ御前立。ご本尊は、像高わずか二五センチメートルの八臂の弁才天立像。秘仏になっており六〇年に一度開帳される。

生島を訪れていることになっている。初回は神亀二年（七二五）三月三日に渡島し、「豊饒会《ほうじょうえ》」を催したとされ、二度目は同四年（七二七）六月十五日に行幸して「金翅鳥王《こんじちょうおう》」の祭を催し、その祭礼料として高島郡安野庄を寄附したという。竹生島では「豊饒会」は蓮華会《れんげえ》の異名とされているので、聖武天皇の行幸に蓮華会の起源を求めているのである。また、「金翅鳥王」も中世から近世にかけて行われていた蓮華会の船渡御において、船団の先頭を行く「鳥船」に用いられており、これも蓮華会の起源を聖武天皇に求めたものである。その執行期日も中近世の祭礼執行日である六月十五日としている点も同意図である。

　聖武天皇の竹生島行幸に関わる民間伝承は、竹生島の門前町である早崎浦《はやざきうら》（現、長浜市早崎町）付近にもある。竹生島の「一之華表」（現存、長浜市益田《ますだ》町地先）・「二之華表」（廃絶、長浜市湖北町海老江《えびえ》地先）と呼ばれる鳥居が島の東の対岸に建つが、その鳥居と鳥居を結ぶ道筋を地元の人はかつて「御幸道《みゆきみち》」と称していたという。また、聖武天皇在位当時、「松ヶ枝浦《まつがえうら》」と呼ばれていた早崎を、竹生島へ早く行ける浦であるから「早崎浦」と改称したのも聖武天皇であったという。

竹生島弁才天信仰

竹生島宝厳寺《ほうごんじ》には、二つのご本尊がおられる。千手観音と弁才天である。いずれの仏も竹生島にとって重要な仏であることは言うまでもないが、竹生島の歴史を顧みた時、やはり弁才天信仰が竹生島信仰の中心をなしてきたと言うべきである。

　ところで、弁才天は仏教の仏様？　それとも神道の神様？　多くの日本人はこの質問に答えようとする時、一瞬躊躇することであろう。弁才天と言われて、まず頭に浮かぶのが七福神であるからである。福をもたらす七人の神々が宝物を満載した宝船に乗る姿は、日本人の誰もが慣れ親しんだイメージである。その中でも紅一点の弁才天は、ひと際華やかに描かれることもあり印象に残りやすく、弁才天は福の神だから神様だと思考するのである。

　事実、七福神信仰が芽生えた室町時代後期から現代に至るまで、弁才天は福の神の一員としての広く庶民に親しまれてきた。しかし、実際には弁才天は『金光

宝厳寺弁才天堂

明最勝王経』という仏教経典に説かれた仏である。日本における弁才天信仰は、奈良時代に始まるとされるが、庶民に広く信仰されるようになったのは、鎌倉時代以降のことである。その転機は一般的には『弁天五部経』という偽経《ぎきょう》（正統仏教とは別の思想を入れて作られた経典）が日本で著されたことにあるとされている。『弁天五部経』とは『仏説最勝護国宇賀耶頓得如意宝珠陀羅尼経』ほか四つの経典を総称した呼び名で、この経典の中で八臂《はっぴ》の弁才天の持物《じもつ》に、意のままに願いが叶うという「宝珠《ほうじゅ》」と、宝物や五穀の蔵の鍵である「鍵」が付け加えられ、財宝神としての性格がより強くなり、福徳を願う民衆の支持を得て民間信仰の中で急速に広まったのである。実際、竹生島に安置されている弁才天像は、「宝珠」「鍵」を持つ八臂の姿で表現されていることが多い。

竹生島最大の祭礼行事「蓮華会」

竹生島信仰の根幹をなす祭礼行事がある。蓮華会である。中世より連綿と受け継がれてきたこの祭は、弁才天信仰を中心に繰り広げられてきた竹生島信仰の核

急峻な崖に建つ院坊堂宮

とも言える行事であり、歴史的に地元浅井郡の民と竹生島との強固な精神的繋がりを維持してきた基盤でもある。

蓮華会をざっくりと説明すると次のようになる。浅井郡に居住するか、浅井郡出身の竹生島の信仰者の中から、籤《くじ》で決められた二人の頭役《とうやく》と呼ばれる人が、竹生島から御正躰《みしょうたい》を迎えた上で、それぞれが弁才天像を新造し、その像を弁才天の聖地である竹生島に奉納し、五穀豊穣を祈願する雨乞い行事である。往時の蓮華会の様相は、室町時代後期に製作されたとされた「竹生島祭礼図」（東京国立博物館蔵）や江戸時代初期の製作とされる「竹生島祭礼図」（大和文華館蔵）により視覚的に知ることができる。また蓮華会の作法を、永禄年間（一五五八～七〇）以来の竹生島に残る資料を基に、享保十八年（一七三三）に整理した「蓮華会本渡規式之事」（次頁写真）などの古文書により、中世末から近世にかけての蓮華会の詳細を知ることができる。

これらの資料によると、蓮華会は、その年の祭りを執行する先頭《せんとう》・後頭《ごとう》と呼ばれる頭人《とうにん》が、弁才天像を新

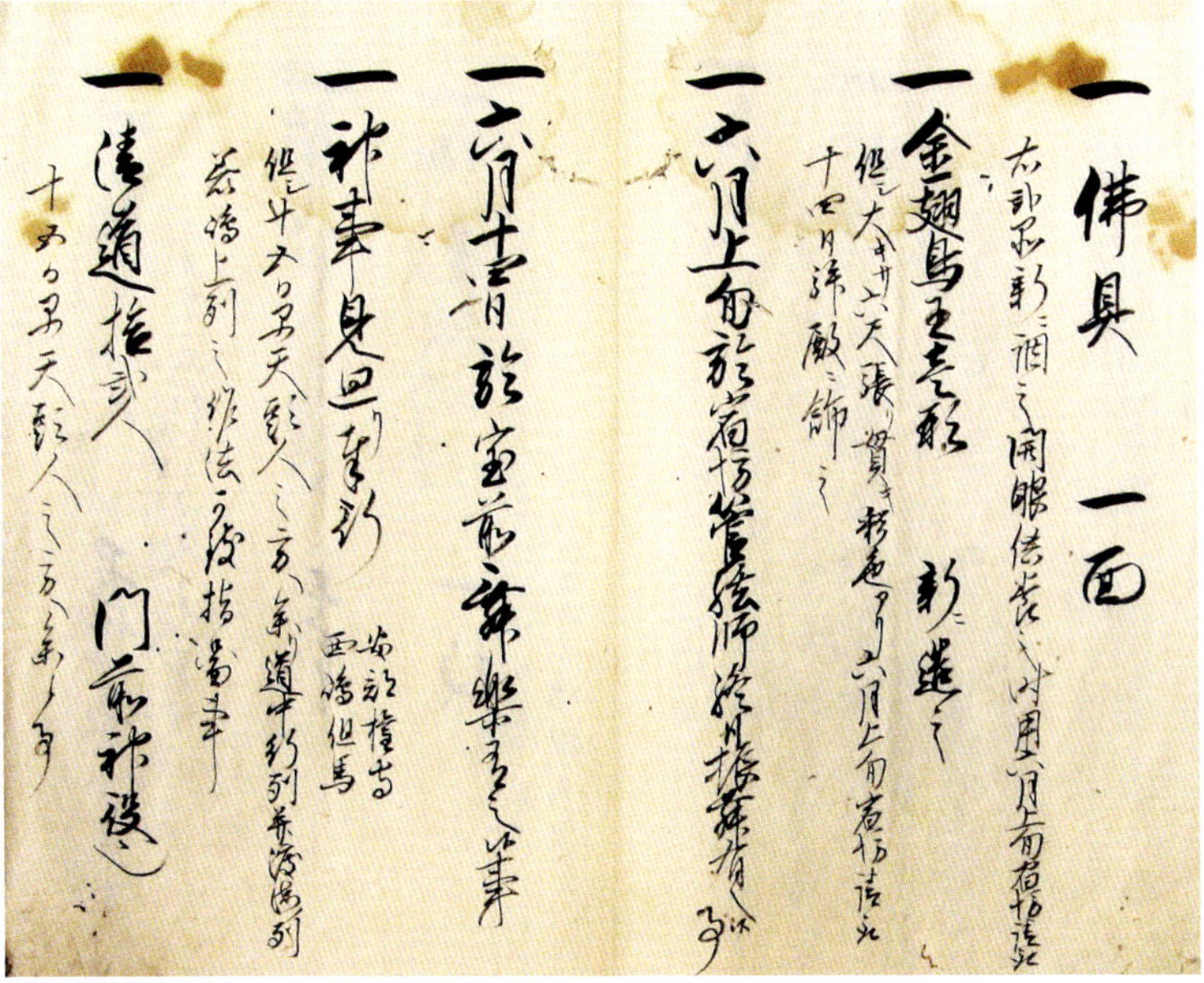

蓮華会本渡規式之事（一部）　竹生島宝厳寺蔵

造し、自宅敷地にこれも新造した仮屋において頭人夫婦が別火して精進し、弁才天を祀った後、六月十五日に音楽を奏する管弦師らと共に盛大な船渡御《ふなとぎょ》を繰り広げ、竹生島に弁才天像を奉納する行事である。籤で選ばれた頭役は「竹生島の頭が差《さ》した」「蓮華の長者になった」として名誉なことであるとして喜ばれる。ただし、「長者」たるに相応しい経済的負担も伴ったため、中世以来、差定《さじょう》（頭役を決めること）をめぐりたびたびトラブルも発生していたのも事実である。そのためか、年によっては事前に何らかの調整が図られたようである。北近江を統治していた浅井亮政や長政も、この蓮華会差定に関わる調整や指示を行っていたとことがわかっている。

蓮華会の始まり

蓮華会の始まりについては、確かな資料がなく不詳ではあるが、竹生島に残された文書類にしばしばその創始について触れられている。大別して二種類の起源が説かれている。

一つは、「竹生島宝厳寺の開基」の項で述べた奈良

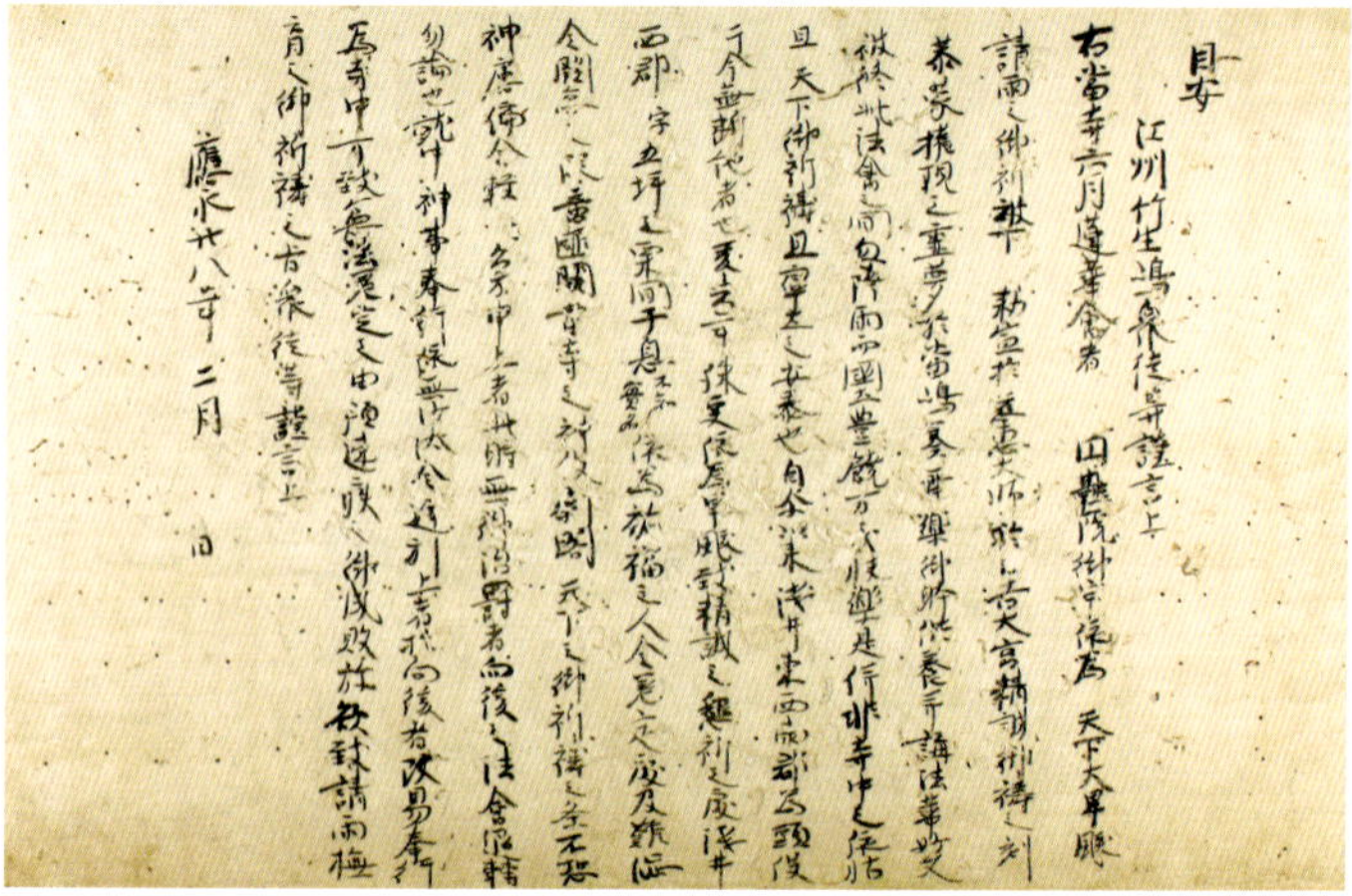

□10　**竹生島衆徒等目安案**　竹生島宝厳寺蔵

浅井西郡五坪（現、長浜市湖北町五坪）の粟間子息に蓮華会の頭が差したが、受頭を拒否されたことについて、竹生島の衆徒らがその旨を訴えた際の文書。本文の前に蓮華会の由来を記している。それによると蓮華会は、大旱魃のおり、円融天皇（969 ～ 84）が慈恵大師（良源）に請雨の祈祷を勅宣し、これを受けて日吉大宮において大師が祈祷した際、「権現之霊夢」があり、それにより竹生島で舞楽を奏で、御体《みたい》を供養し、法華妙文を誦えたところ、たちまち雨が降ったことに始まるという。

時代の聖武天皇に関わる説。もう一つは、平安時代の天台座主良源（慈恵大師）に関わる説である。

後者の説は次のとおりである。応永二十八年（一四二一）の「竹生島衆徒等目安案」（図版10）によると、円融天皇の在位中（九六九〜九八四）に発生した大旱魃に対応するため、天皇は天台座主良源に「請雨之御祈」をするよう勅宣《ちょくせん》した。これを受け良源が、日吉大宮において祈祷している時、権現の霊夢を得て、それにより竹生島において舞楽を奏して、御躰《みたい》を供養し、法華経を誦えると、忽《たちま》ち雨が降ったという。これが六月に行われる竹生島の蓮華会の起源だという。

確かに良源の弟子である梵照が著した『慈恵大僧正拾遺伝』（長元五年（一〇三二）成立）によると、貞元二年（九七七）良源は近江国浅井郡竹生島において「弁才天荘厳のため」と「生地の恩に報いるため」に、法華経百部を書写し、法会を催した後、僧らと龍頭鷁首《りょうとうげきす》の船に乗り、楽人が鼓を打つなか、散花しながら島を廻ったという。舳先を龍と鷁（鵜《う》に似た白い水鳥）で飾った船に乗り込み、島を廻る有様は、さながら貴族が寝殿前の池で繰り広げた船楽の様相である。この良源が執行した法会や船渡御などの行事を、中世の竹生島では蓮華会の起源と捉えていたのである。

果たしてこれが蓮華会の起源であるかどうかは熟慮する必要はあるが、天台座主良源が執り行った行事を、竹生島が後々まで継続させてきたという主張は素直に肯首できる。何よりもすでに平安時代中期に蓮華会と同様相の行事が良源によって執り行われていたという事実は、竹生島における弁才天信仰の起源やその広がりを考える上で極めて重要である。特に『慈恵大僧正拾遺伝』で指摘している一連の行事の目的が、「生地の恩に報いるため」・「弁才天荘厳のため」という二点であることは注目される。良源の生地は近江国浅井郡三川《みかわ》村である。「生地の恩に報いるため」という行為は、蓮華会において浅井郡の中から頭役を選ぶという精神に通じるものがある。かつ「弁才天荘厳のため」という目的は、まさに弁才天を中心に繰り広げられる蓮華会の様相そのものである。

浅井郡の名僧　良源

良源《りょうげん》（九一二〜九八五）は、平安時代中期に活躍した天台宗の僧侶である。彼の主な伝記資料としては、鎌倉時代に編纂された『慈恵《じえ》大僧正伝』（一〇三一年、藤原斉信《なりのぶ》編）と『慈恵大僧正拾遺伝』（一〇三二年、梵照《ぼんしょう》編）、そして室町時代に編纂された『慈恵大師伝』（一四六九年、蘭坡景茝《らんぱけいし》編）などが知られるが、そのいずれもが彼の出生地を「近江国浅井郡」としている。良源生誕地と伝わる同郡三川村（現、長浜市三川町）の玉泉寺には、「慈恵大師像」が本尊として祀られ、地域の人々の信仰を集めている。

良源像（『元三大師御籤諸鈔』より）

偉大な人物の出自を貴種で飾ろうとする風潮はよくあることだが、良源も例外ではなく、宇多天皇の落胤《らくいん》であるとか、菅原道真ゆかりの子であるとか、様々な説が生まれているが、前述の伝記資料では「姓は木津氏、母は物部氏」としか伝えていない。

幼い頃から霊童とされた良源は、十二歳で比叡山に登り、並はずれた学識と弁舌によって名声を博した。やがて第十八代天台座主《ざす》として、およそ二十年にわたり比叡山を治めた。その間、伽藍《がらん》の整備や天台教学の振興、山内の綱紀粛正などにたぐいまれなる手腕を発揮し、後に鎌倉新仏教を開いた多くの祖師を輩出する基盤を整えたことから、「比叡山中興の祖」と仰がれる。正月三日に亡くなったことから、「元三大師《がんざんだいし》」と通称され、没後、朝廷より「慈恵《じえ》」の諡号《しごう》が贈られた。

さて、『慈恵大僧正拾遺伝』に、興味深い記述がある。

天元二年浅井郡大吉山寺修百箇日護摩法、是依先妣遺誡遂往日願也、結願之日供養音楽、退出之次詣先考墓所、必見聞之人無不感嘆、同年同郡細江浜造三重閣景堂并数十宇雑舎、修三箇日大会、中日舎利会、請僧百余人、三条大相国賜其布施、伶人数十人、左右大将宛禄物、当国隣国刺史参会助成、見聞集会不知幾千矣、同三年、於同草堂修三ヶ日夜不断念仏、在共経、招其郡中耆老、給膳被物而已…

良源は、天元二年(九七九)浅井郡の大吉寺や細江浜で大規模な法要を行っている。これは亡くなった母の遺言によるという。大吉寺では百日間の護摩法を行い、結願《けちがん》の日には音楽が供養され、その時の様子を見た人々は誰もが感嘆したと記録される。

また、琵琶湖岸の細江浜では三層の草堂と数十の雑舎を造り、三日間の法会を修した。この時動員した僧侶は百余人、楽人数十人、時の権力者から多くの布施や禄物が寄せられ、近江国司や近隣国司の助力もあったという。翌年には、この草堂で再び三日間の不断念仏を行い、浅井郡中の老人を多数招いて饗応を行っている。

この時、良源は六十八歳。すでに天台座主に就任して十年あまりが経っており、比叡山の改革も一段落していた頃だろう。大吉寺や細江浜での法要が、母の遺言に因ったことはもちろんであるが、やはり自分を育ててくれた郷里への恩返しの意味もあったのではないだろうか。

なお、加持祈禱に優れ、非常に霊力の強い存在としても畏れられた良源は、没後早くから伝説化され、「観音の化身」「おみくじの祖」などの独特の信仰を生み出し、現在に至るまで「厄除けのお大師さん」などとして、幅広い人々の信仰を集めている。

良源誕生所と伝える玉泉寺(長浜市三川町)

第二章

浅井氏の竹生島信仰

□25　浅井長政書状（竹生島四人衆中宛）（部分）

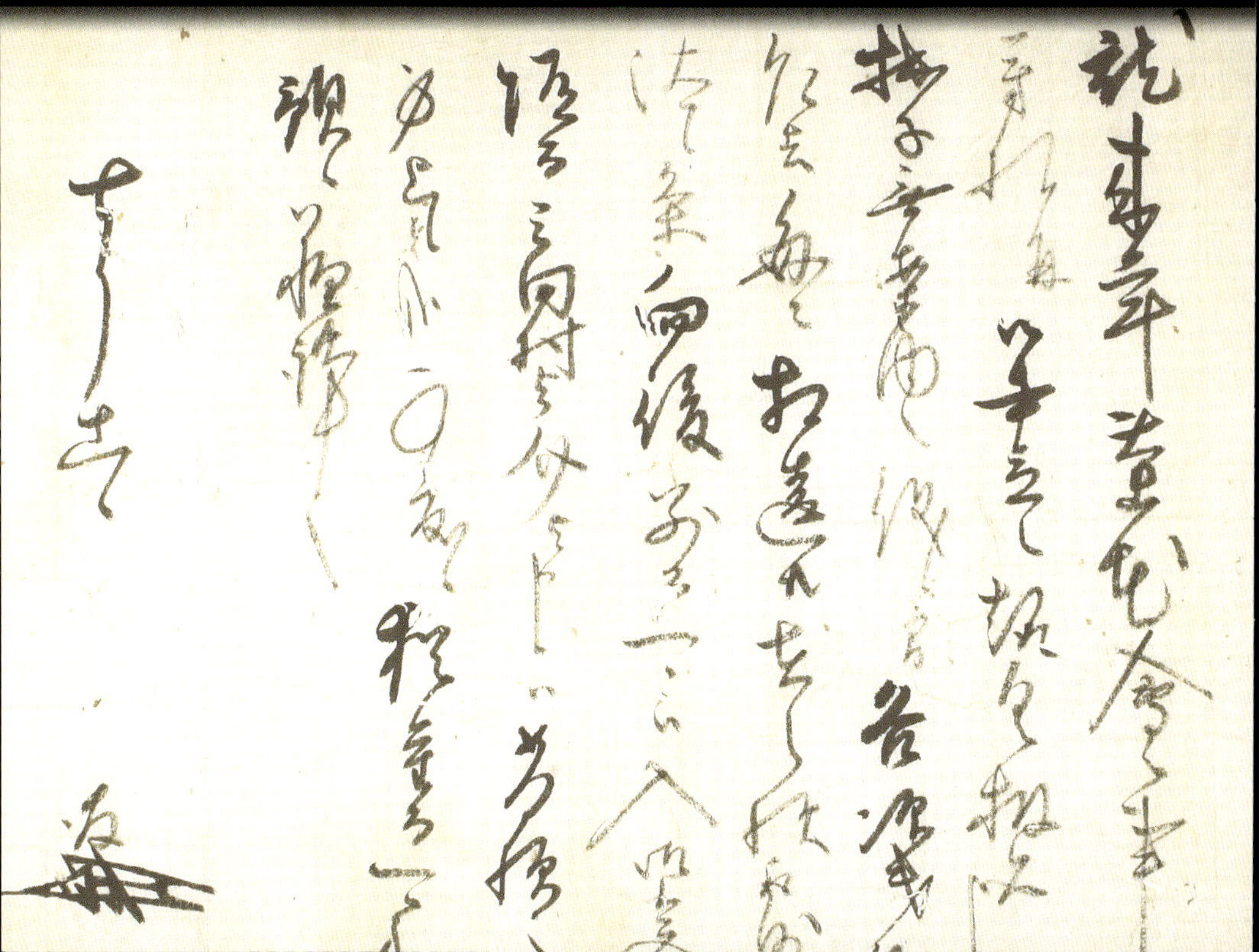

12　弁才天坐像（浅井寿松奉納）　竹生島宝厳寺蔵

浅井亮政の側室《そくしつ》であり久政の生母である寿松《じゅしょう》が蓮華会の頭役を受けた際に奉納した弁才天像。寿松は、永禄６年（1563）には島に「鉄釣灯籠」を奉納し、さらに永禄10年（1567）には榑《くれ》50丁を亮政の正室である蔵屋と共に寄進するなど、竹生島への厚い信仰心を持っていた人物である。確認できる中では、蓮華会史上唯一の女性頭人である。

1　**弁才天坐像（浅井久政奉納）**　竹生島宝厳寺蔵

竹生島に現存する奉納弁才天像の内最大の像。像高145㎝を計る。背面の墨書により永禄８年の造像であることがわかる。墨書が不鮮明であるため施主名は判読できないが、永禄９年に浅井久政が受頭《じゅとう》している（受頭の前年に像造するのが通例）という事実と、堂々たる像の大きさ、廃仏毀釈《はいぶつきしゃく》を乗り越えて今日に伝来していることから判断して、戦国大名浅井久政の奉納の弁才天像とするのが妥当である。

Ⓡ14　浅井長政夫人像（複製）

（原本）高野山持明院蔵

浅井三姉妹の母、「お市の方」の肖像画。織田信長は、妹のお市を浅井長政に嫁がせることにより、浅井家と同盟を結んだ。お市の輿入れの時期は諸説あるが、永禄の一桁代であったとするならば、お市もまた浅井家の親族として、久政や寿松の受頭時に蓮華会に列座していたと考えられる。

13　浅井長政像

長浜城歴史博物館蔵

浅井三姉妹の父、長政の肖像画。浅井家は代々竹生島への厚い信仰を持っていた。しかし長政の時代には織田信長と厳しく対立していた時期でもあり、長政と竹生島信仰とを直接結びつける資料は多くはない。しかし、父久政や祖母寿松が蓮華会を受頭する姿は、当然長政も目の当たりにしていただろう。自身は受頭の機会を得ることなく、29歳の若さで小谷城落城と共に自刃した。

△18　**鉄釣灯籠**　長浜市益田町　麻蘇多神社蔵

浅井久政の生母、寿松が竹生島に奉納した鉄釣灯籠。各面を格子透かしとし、正面に「定灯浅井」「馨庵壽松」、裏面の柱に「永禄六年癸亥五月十九日」、台裏面には「家次作」の銘が刻まれている。

19　**小嶋権現棟札**　長浜市富田町　八幡神社蔵

永禄元年（一五五八）の火災によって焼失した小嶋権現を再建した時の棟札。浅井亮政の正室蔵屋《くらや》と側室寿松が、榑《くれ》五〇丁を寄進したことが記されている。寿松はこの年、蓮華会の頭役をつとめており、受頭に合わせた再建であったのかもしれない。

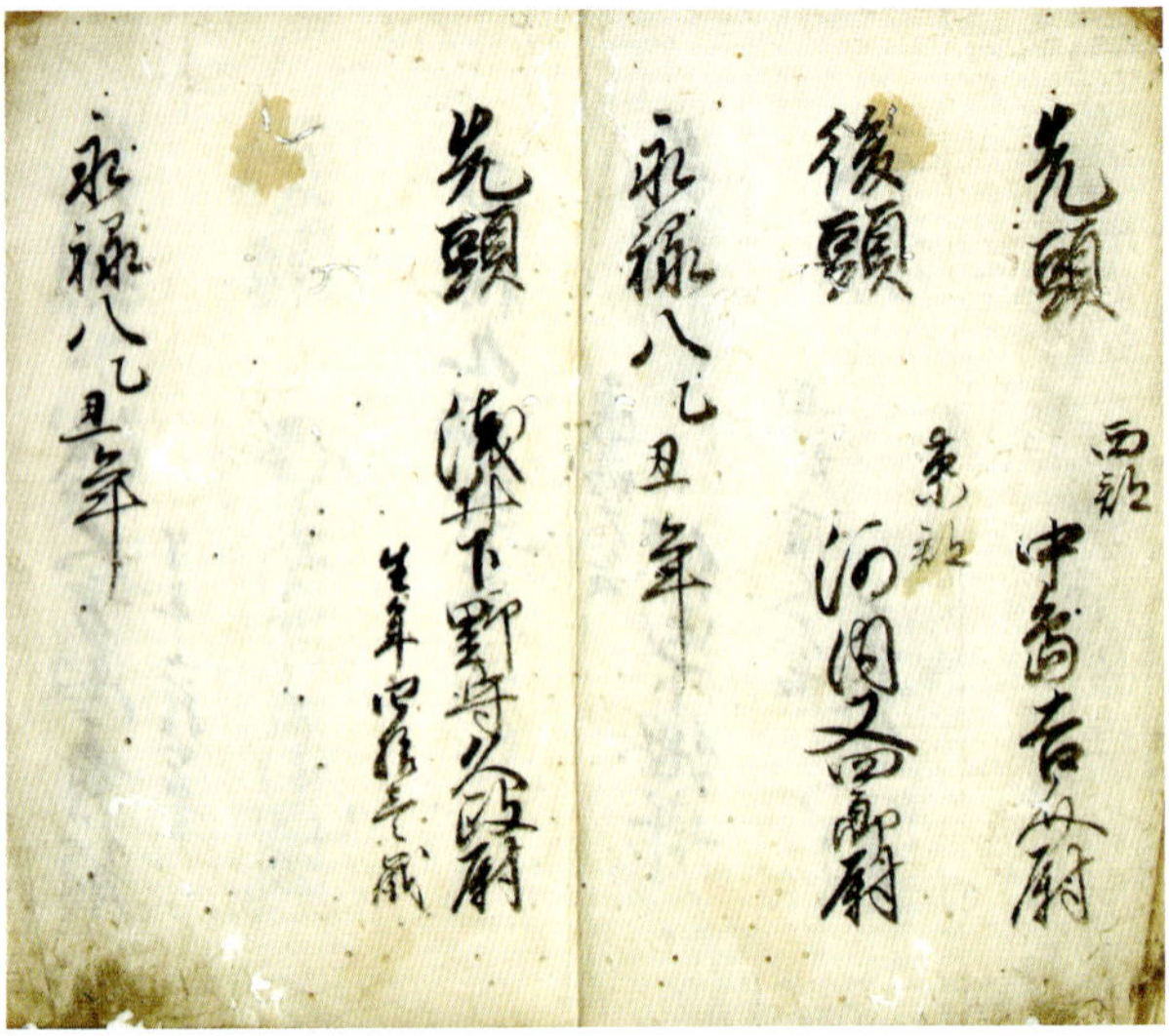

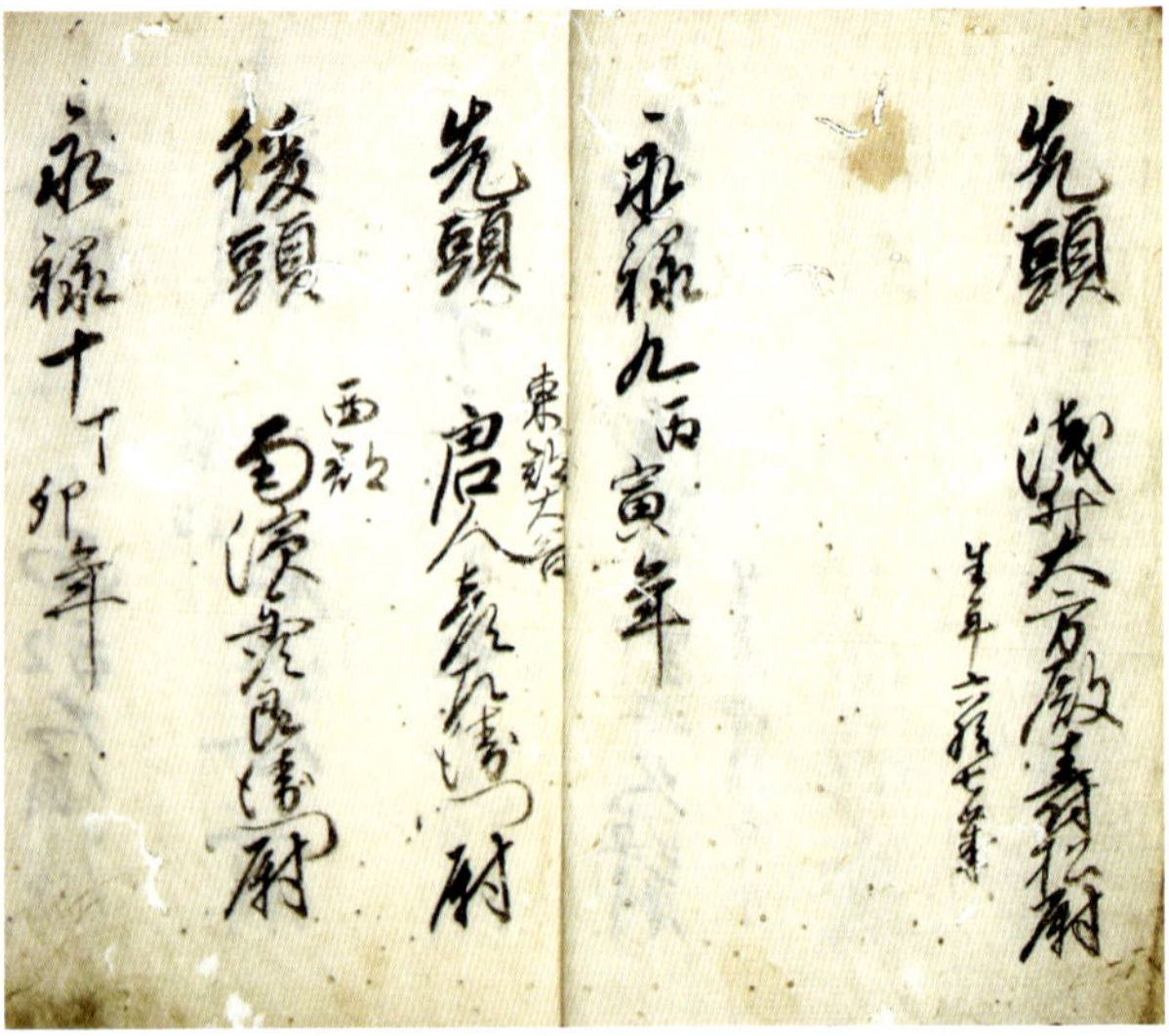

□17　**蓮華会頭役門文録**　竹生島宝厳寺蔵

蓮華会の頭役《とうやく》は、その蓮華会が催される前年の12月に籤《くじ》によって決めることになっている。本録は籤によって決定された頭役の名前を1年ごとに記載した冊子である。途中欠落している年もあるが、永禄4年(1561)から幕末に至るまでの間の記録が記載されている。永禄以前の記載がないのは、永禄元年の火災によってそれ以前の記録が失われたためと思われる。

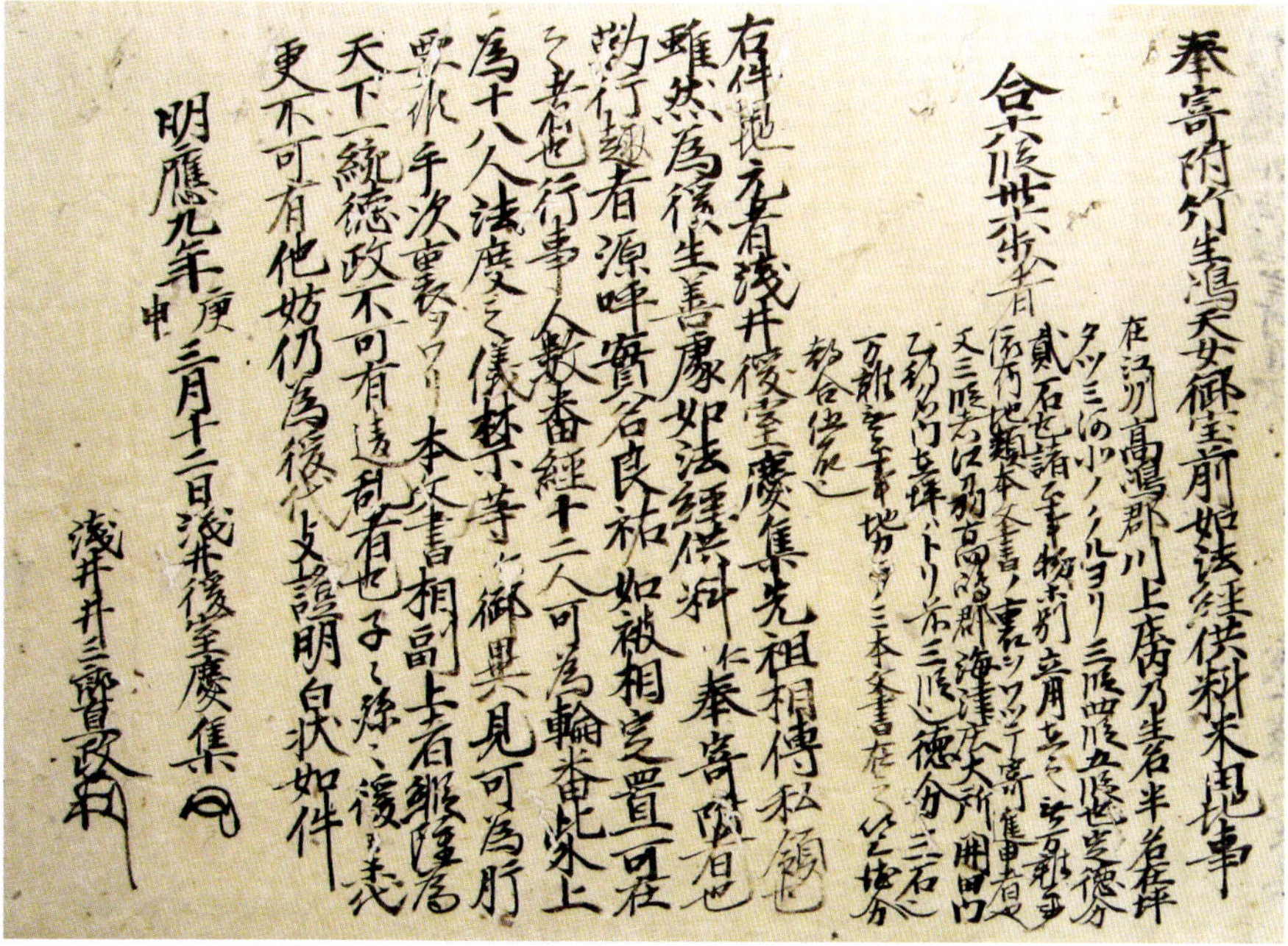

□20　浅井直政・慶集《けいしゅう》連署寄進状　竹生島宝厳寺蔵

浅井家の嫡流、浅井直政と彼の母である慶集が、竹生島天女御宝前に「如法経《にょほうきょう》」の供養料として近江国高島郡の内６反余りの田地を寄進した時の文書。直政は戦国大名浅井氏の礎を成したいわゆる浅井三代の初代である浅井亮政の舅《しゅうと》。浅井氏が北近江の一在地領主であった時代の竹生島への信仰を示す貴重な資料である。

※ 如法経《にょほうきょう》…定められた作法に則り法華経などの仏典を写経すること。また写経された経文をいう。

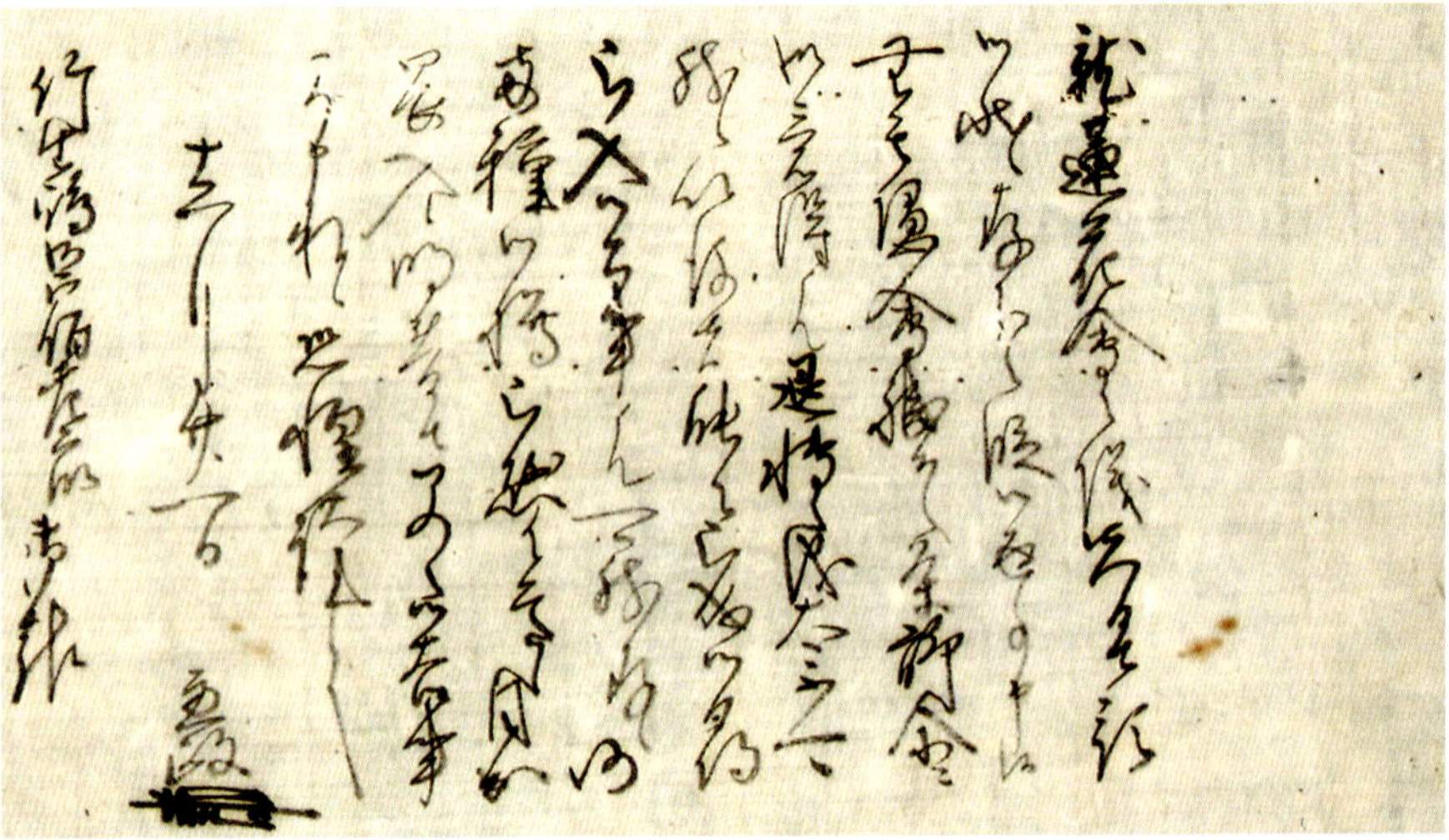

□21　浅井亮政書状（竹生島御宿老衆宛）　竹生島宝厳寺蔵

亮政時代以前の浅井氏と竹生島

　浅井氏と竹生島の関わりを示す初見史料は、明応九年（一五〇〇）の「浅井直政・慶集寄進状」（図版20）である。直政は、いわゆる浅井三代の初代亮政の先代にあたる人物で、慶集は直政の母である。慶集・直政母子は、竹生島天女御宝前に「如法経《にょほうきょう》」の供養料として近江国高島郡の内六反余りの田地を寄進した。浅井氏が戦国大名化する前の一地域の在地領主時代に、すでに竹生島への信仰心を持っていたことを知ることができる貴重な資料である。またこのことは、後述する浅井三代時代の竹生島への厚遇が、政治的に円滑な領国経営を目的としたものではなく、浅井氏累代の信仰心によるものであると私たちに教えてくれる。

　次代の亮政時代には、竹生島に対する目立った経済的支援を示す資料は残っていない。しかし、島最大の祭礼行事である蓮華会の頭役選定をめぐるトラブルを亮政が処理したことがある（図版21）。竹生島からの相談に対して亮政は「（蓮華会）が退転《たいてん》するようなことはあってはならないので、以後は（関係者と）よく

浅井亮政夫妻像　徳勝寺蔵

相談し頭役候補を選定するようにしなさい」とアドバイスしている。浅井家が領主としての立場以上に、竹生島と深い結びつきがあることを窺わせる。

浅井寿松・浅井久政母子蓮華会の頭を受ける

浅井氏は、浅井郡の民として竹生島に対して厚い信仰心を持っていた。実は、古来より浅井郡に居住する民はすべて竹生島の「氏子」とされてきたのである。このことは、国内最大の木簡として注目されている塩津港遺跡（長浜市西浅井町）から出土した塩津起請《しおつきしょう》文木簡《もんもっかん》（平安時代末期）においても、竹生島が浅井郡の鎮守として位置づけられていることからも納得できる。浅井氏も例外ではない。

浅井氏もまた浅井郡に居住し、竹生島の氏子として竹生島弁才天を崇敬していた。とりわけ浅井久政とその生母浅井寿松《じゅしょう》の竹生島への信仰心は厚く、久政が永禄九年（一五六六）に、寿松が永禄十年（一五六七）に蓮華会の頭役を受けている（図版17）。この時奉納された弁才天像が今も島に伝わっている。このうち寿松奉納の像（図版12）は、像の背中部分に寿松が奉納

Ⓡ15　**浅井久政像（複製）**　（原本）高野山持明院蔵
戦国大名浅井氏第二代目の当主、久政の肖像画。高野山持明院に伝来。上部に永禄十二年の玄中性洞の賛があるので、生前に描かれた寿像《じゅぞう》である。久政は蓮華会の頭役を受けるなど、竹生島を厚く信仰していた人物である。

した旨の墨書が記されているので、寿松が蓮華会の頭役を受けた時にこれを造らせ、奉納したことは確実である。と言うことは、永禄十年六月十五日（蓮華会の本日）に竹生島に奉納されるまでの間、寿松が自家の屋敷地の一角にこの像を安置し祀っていたことになる。浅井氏の居城である小谷城下で、浅井長政やお市もまたこの像に手を合わせたのかもしれない。

次に、久政が奉納したと思われる弁才天像（図版1）は、頭人の名を記した部分の墨書が磨滅しているので、そこに久政の名を読取ることはできないが、永禄八年に製作されたことは判読できる。像高も一四五センチメートルと、島内に現存する弁才天像のなかでも最大で、戦国武将浅井氏が奉納した像たるに相応しい堂々とした弁才天像である。

この他、浅井久政と竹生島の関係を理解するのに良い資料が二点ある。一つは弘治二年（一五五六）に竹生島年行事御房中に宛てた久政の書状（図版22）。もう一つは永禄元年（一五五八）に竹生島千宝房御房中に宛てた同じく久政の書状である（図版23）。前者は、久政が領内の諸浦に対して船の出役を命じた際、竹生

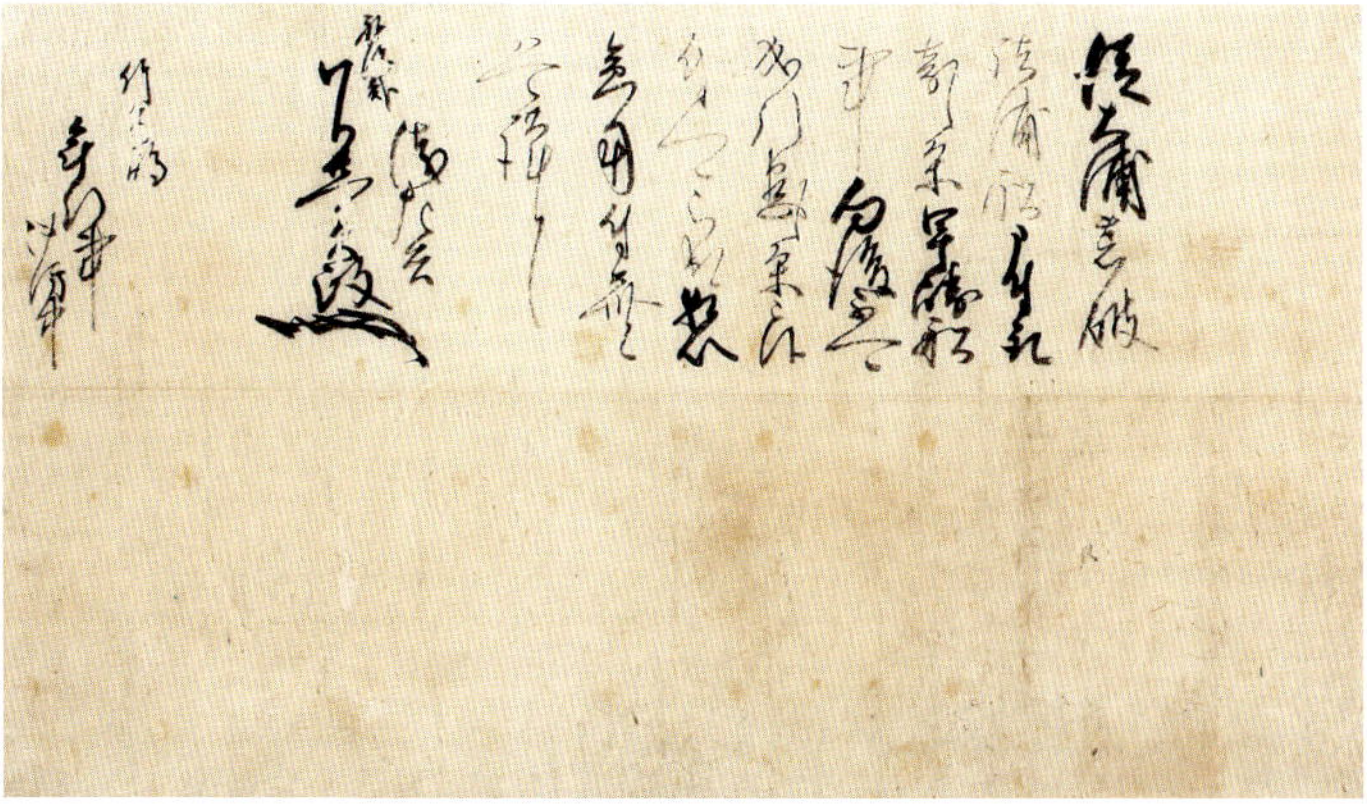

□22　**浅井久政書状（竹生島年行事御坊中宛）**　竹生島宝厳寺蔵

浅井久政が竹生島に対して、今後早崎船に出役を課さないことを伝えた書状。大浦（現、長浜市西浅井町大浦）の港が、何らかの理由でひどく破壊されたので、久政は大浦に代わって浅井領内の諸浦に対して船の出役を命じ使役した。しかし竹生島は、島の船である早崎船を久政が勝手に使ったことを快く思わなかったのであろう。以後早崎船を勝手に徴用しないように久政に申し入れ、久政はそれを受け入れたと読み取れる。領主浅井氏でさえ、浅井氏の権限で竹生島が支配する船を出役させることができないのである。竹生島の北近江における宗教的権力の大きさを知ることができるとともに、久政の竹生島信仰の厚さを感じさせる。

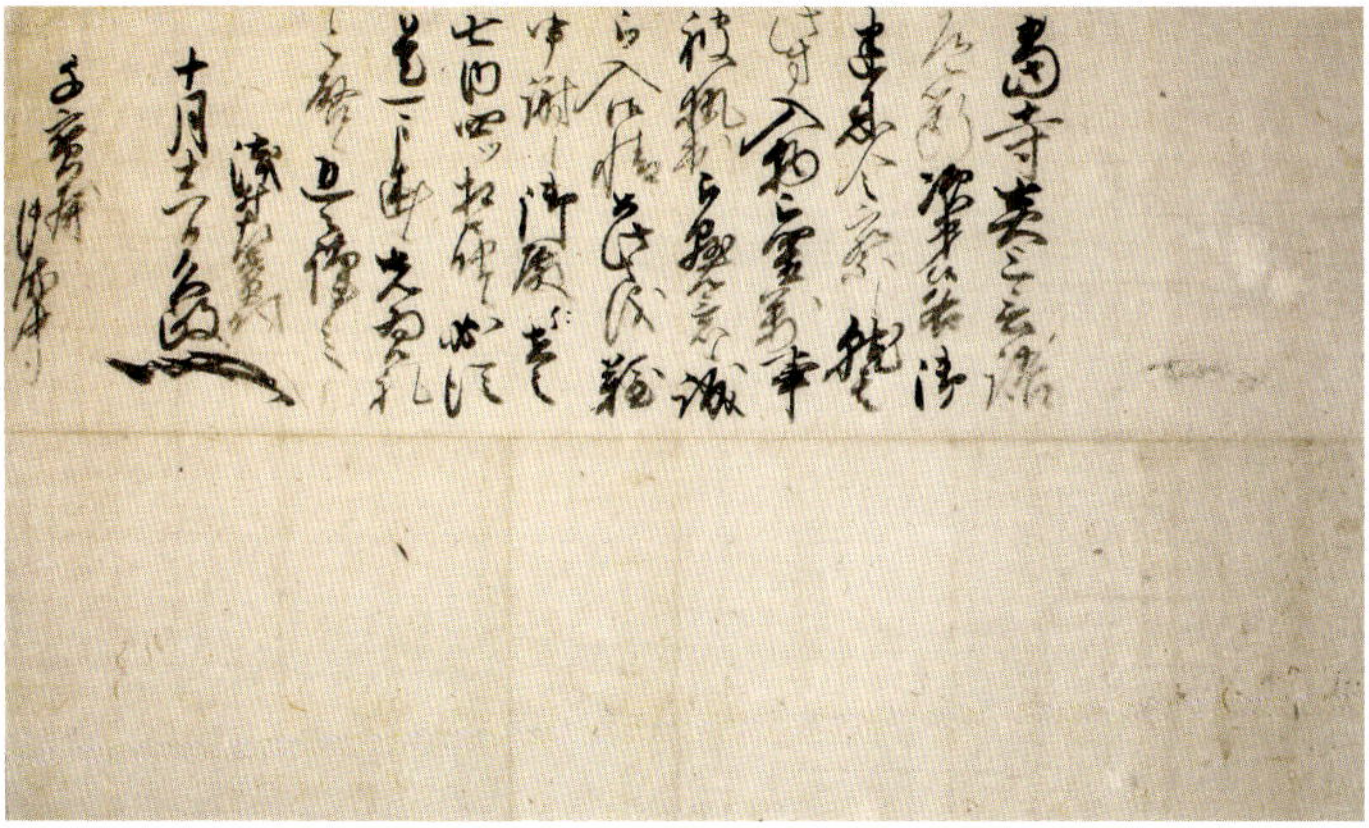

□23　**浅井久政書状（千宝房御房中宛）**　竹生島宝厳寺蔵

永禄元年（1558）10月11日に竹生島で発生した火災時に、浅井久政が島に預けていた品物を、竹生島の僧らが火災現場から持ち出してくれたことに対する久政の礼状。浅井家は、竹生島の宗教的中心建造物である御殿（本尊の弁才天を祀る堂）内に、七つの品物を預けていたようである。その品物が何なのかは不明であるが、御殿に一時納めていた品物であるから、貴重なものであることは間違いない。竹生島の僧らは、全山焼失という大火災の中から、浅井家のこの大切な品物の持ち出しに成功したのである。久政は、僧らの働きに「お礼の言葉もない」と喜んでいる。貴重な品物を竹生島に預けていた久政。それを火災の難から守り、火災の翌日に小谷城へ送り届けた竹生島の僧ら。両者の親密な関係をうかがい知ることができる。

島神領の早崎船を勝手に使ったことを竹生島が快く思わなかったのであろう。以後早崎船を勝手に徴用しないように久政に申し入れ、久政がそれを受け入れた趣旨の文書である。領主浅井氏でさえ、浅井氏の権限で竹生島が支配する船を出役させることができないことになる。竹生島の北近江における宗教的権力の大きさを知ることができるとともに、久政の竹生島信仰の厚さを感じさせる。

13 浅井長政像（部分） 長浜城歴史博物館蔵

後者の文書は、永禄元年（一五五八）十月十一日に竹生島で発生した大火災時に、久政が島に預けていた品物を、竹生島の僧らが火災現場から持ち出してくれたことに対する久政の礼状である。久政は、竹生島の宗教的中心建造物である御殿（本尊の弁才天を祀る堂）内に、七つの品物を預けていたようである。島の僧らは、全山焼失という大火災の中から、浅井家のこの大切な品物の持ち出しに成功し、火災の翌日には小谷城へ送り届けたのである。久政は、僧らの働きに「お礼の言葉も無い」と喜んでいる。久政は、貴重な品物を竹生島に預けていた久政。それを火災の難から守った竹生島の僧ら。両者の親密な関係の一端を知ることができる出来事である。

久政から長政への家督相続と竹生島

二代久政から三代長政への家督相続が半ばクーデター的に行われたことは有名である。『浅井三代記』によると、久政の対六角氏弱腰政策に不満を募らせて

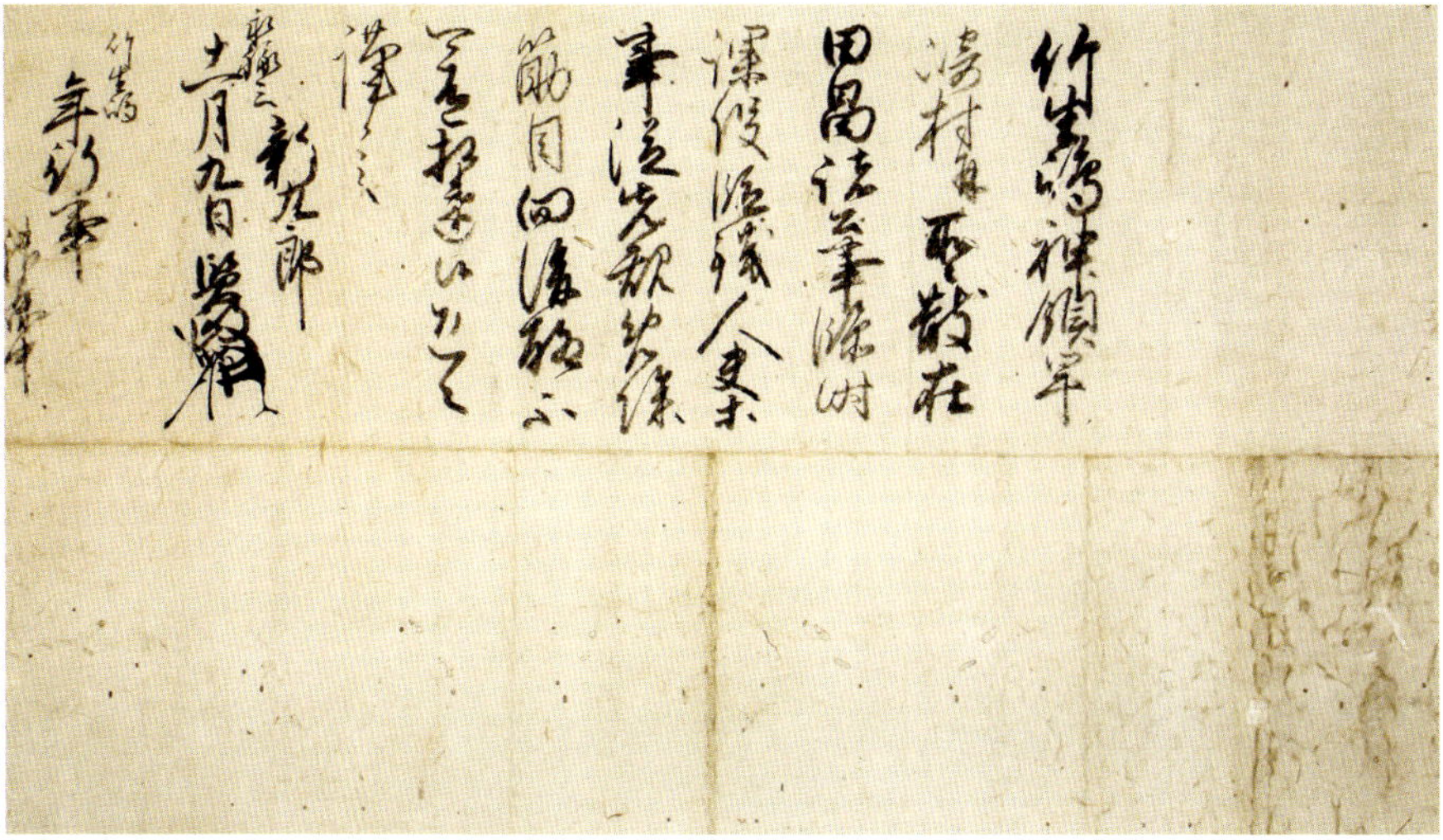

□24　**浅井賢政書状（竹生島年行事御房中宛）**　竹生島宝厳寺蔵

浅井長政がまだ賢政と名乗っていた時に、賢政が竹生島の所領や既得権を安堵した文書。長政は永禄３年の秋頃に家督を相続していると考えられているから、浅井氏の代替わりにあたって改めて竹生島の権利を保証したものと思われる。

いた浅井の重臣たちは、息子長政を説き伏せ、久政が遊興に耽っている間を狙い、長政を小谷城本丸へ移動させた。その時、久政は早崎浦で鴨鷹狩りを楽しみ、次いで竹生島詣に出かけていたのである。竹生島から早崎浦に戻ってきた久政を待っていたのは、鎧物を具した赤尾美作守ら四人の重臣たち。重臣たちは長政を本丸に入れた旨を久政に告げた。久政は激怒したが、近習・小姓四、五十人の小勢であったので、一旦、竹生島に引き返し籠もることになる。

その後、久政も家督相続を承引し、自らは長政の後見として小谷城小丸に退いたという。『浅井三代記』は脚色や創作している箇所もあり、そのまま信用するわけにはいかないが、たとえ脚色しているにせよ、竹生島と久政、あるいは竹生島と浅井氏の繋がりの深さを知るには十分な記述である。

長政と竹生島

次に三姉妹の父である浅井長政と竹生島の関係だが、両者の関係を読み取ることができる資料はそう多くは残っていない。数少ない情報の中でも目を引くの

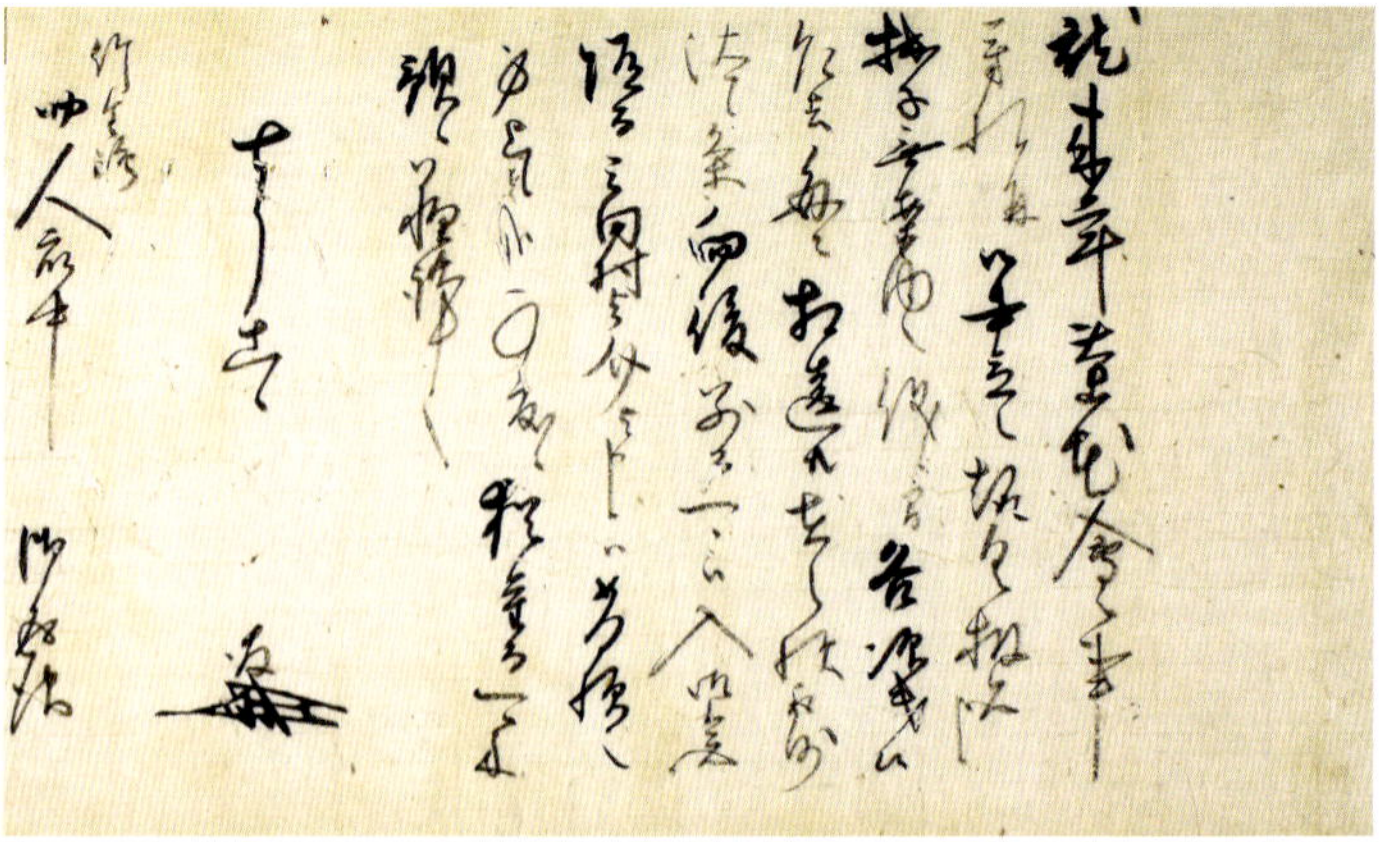

図25　浅井長政書状（竹生島四人衆中宛）　竹生島宝厳寺蔵

竹生島の蓮華会の責任者である「四人衆」が、来年の頭役の選定に関わる何らかについて浅井長政に問うたことに対する長政の返答書。長政は「自分は蓮華会に不案内である」とした上で、「（竹生島は）毎年（頭役選定について）異なった対応をしていると（世間では）取沙汰されているので、今後は慎重に対応しなさい」とアドバイスしている。竹生島最大の祭礼行事である蓮華会の頭役選定問題について、竹生島が若き浅井長政に意見を求めている点は非常に興味深い。竹生島に残る他の浅井氏関係資料とあわせて、浅井家が亮政・久政・長政の三代にわたり竹生島と深い関わりがあったことがわかる。

は、浅井氏滅亡後に羽柴秀吉が竹生島に対して、長政が生前に預けていた材木を引き渡すように命じている点である（図版35）。織田信長による小谷城包囲網が敷かれ、竹生島もすでに表面上は信長に服従している中、長政が何らかの用材を親密な関係にある竹生島に隠し置いていたものと考えられる。

一方、長政の竹生島信仰という側面を資料で辿るのも意外に難しい。唯一、竹生島四人衆中に宛てた長政の書状が手掛かりとなる（図版25）。この文書は、竹生島の四人衆が、翌年の蓮華会の頭役の選定に関わる何らかについて長政に問うたことに対する、長政の返答書である。四人衆とは、島の僧侶の内、「寺主」・「上座」・「修理別当」・「権別当」を指し、蓮華会の総責任者である。これに対して長政は、「自分は蓮華会に不案内である」とした上で、「（竹生島は）毎年（頭役選定について）異なった対応をしていると（世間では）取沙汰されているので、今後は慎重に対応しなさい」とアドバイスしている。続けて「三田村与介とは如何なる人物か？」と竹生島に聞き返しているので、恐らくはこの三田村与介の受頭を巡り問題が発生し、その

小谷城落城　市・三姉妹と長政の別れ（画：佐々木洋一氏）

調停に長政が入ったのであろう。竹生島が若き浅井長政に意見を求めている点は非常に興味深い。

　結局、長政による北近江統治時代には、長政自身が若かったことや、晩年は織田信長との緊張状態が続いていたこともあり、長政は蓮華会を受頭する機会を得ることなく小谷城落城を迎えることになった。実際、浅井氏が信長と激しく対立していた元亀年間には、小谷城周辺から頭役を選出することすらできなかった状況であった。この時期は、小谷城から離れた浅井郡の飛び地である西浅井地域から頭役が出ている。

小谷城下と竹生島

　永禄元年（一五五八）の竹生島の大火災以降、竹生島は復興を図るが、戦国乱世の時代でもあり、そうそう順調には進まなかった。そうした中、久政が銭三千疋、長政が銭一万疋を奉加するなど、浅井氏は金銭面でも竹生島支援を行っている。

　さらに、実質的に資金援助行為となる蓮華会の頭役についても、永禄八年（一五六五）から四年間たて続けに小谷城下の人たちが受けている。永禄八年の保田下総守（先頭）・唐人彦左衛門（後頭）、九年の浅井久政（先頭）、十年の浅井寿松（先頭）、十一年には再び唐人彦左衛門（先頭）が受頭している。ちょっとした蓮華会受頭ブームが小谷城下においてあったのである。因みに、永禄八年と十一年に受頭している唐人彦左衛門は、蓮華会史上唯一の外国人頭人である。

このように浅井氏家臣をはじめ浅井氏ゆかりの人々の連続受頭は、浅井氏による竹生島支援の一環とも理解できる。この時期は、若き長政が台頭してきた時期でもあり、浅井氏が躍進するまさに勢いのあった時代である。

郵　便　は　が　き

お手数ながら切手をお貼り下さい

5 2 2-0 0 0 4

滋賀県彦根市鳥居本町655-1

サンライズ出版 行

〒

■ご住所

■お名前《ふりがな》　■年齢　歳　男・女

■お電話　■ご職業

■自費出版資料を　希望する ・ 希望しない

■図書目録の送付を　希望する ・ 希望しない

サンライズ出版では、お客様のご了解を得た上で、ご記入いただいた個人情報を、今後の出版企画の参考にさせていただくとともに、愛読者名簿に登録させていただいております。名簿は、当社の刊行物、企画、催しなどのご案内のために利用し、その他の目的では一切利用いたしません（上記業務の一部を外部に委託する場合があります）。

【個人情報の取り扱いおよび開示等に関するお問い合わせ先】
サンライズ出版 編集部　TEL.0749-22-0627

■愛読者名簿に登録してよろしいですか。　□はい　□いいえ

ご記入がないものは「いいえ」として扱わせていただきます。

愛読者カード

ご購読ありがとうございました。今後の出版企画の参考にさせていただきますので、ぜひご意見をお聞かせください。なお、お答えいただきましたデータは出版企画の資料以外には使用いたしません。

●書名

●お買い求めの書店名（所在地）

●本書をお求めになった動機に○印をお付けください。

1．書店でみて　2．広告をみて（新聞・雑誌名　　　　　）

3．書評をみて（新聞・雑誌名　　　　　）

4．新刊案内をみて　5．当社ホームページをみて

6．その他（　　　　　）

●本書についてのご意見・ご感想

購入申込書　小社へ直接ご注文の際ご利用ください。お買上 2,000 円以上は送料無料です。

書名　　　　（　　　冊）

書名　　　　（　　　冊）

書名　　　　（　　　冊）

第三章 浅井三姉妹と竹生島

観音堂・唐門

26　**豊臣秀頼建立棟札**　竹生島宝厳寺蔵

豊臣秀頼による伽藍復興時の棟札。上棟日から観音堂の棟札であると考えられる。淀殿（茶々）と秀頼の寺社への帰依は厚く、淀殿・秀頼による寺社復興事業は、畿内を中心に多数行われた。とりわけ淀殿にとって故郷浅井郡にある竹生島の復興には特別な思いがあったであろう。それは竹生島の復興事業が、豊臣秀吉の廟である京都の豊国廟の建造物を移築する形で実施されたことからもうかがい知れる。浅井の血を引く淀殿が、浅井家累代の信仰の島・竹生島を復興させるのに、浅井攻めに一番功績があった秀吉の力の象徴である豊国廟の建造物を解体し転用したことは、密かに浅井の娘の意地を見せたのかもしれない。

27　蒔絵三重塔（伝　徳川家光寄進）　竹生島宝厳寺蔵

全体に黒漆塗りを施し、随所に金蒔絵《きんまきえ》を用い荘厳した小型の三重塔。須弥壇の一部や高欄、初重の円柱や斗供は朱漆塗りとする。各重の屋根は「飛龍」、初重の扉は「蓮」、須弥壇は逆巻く「波濤」の蒔絵で飾り、各所に精緻な飾金具を打つなど、将軍家からの寄進としても十分な精巧優美な塔である。

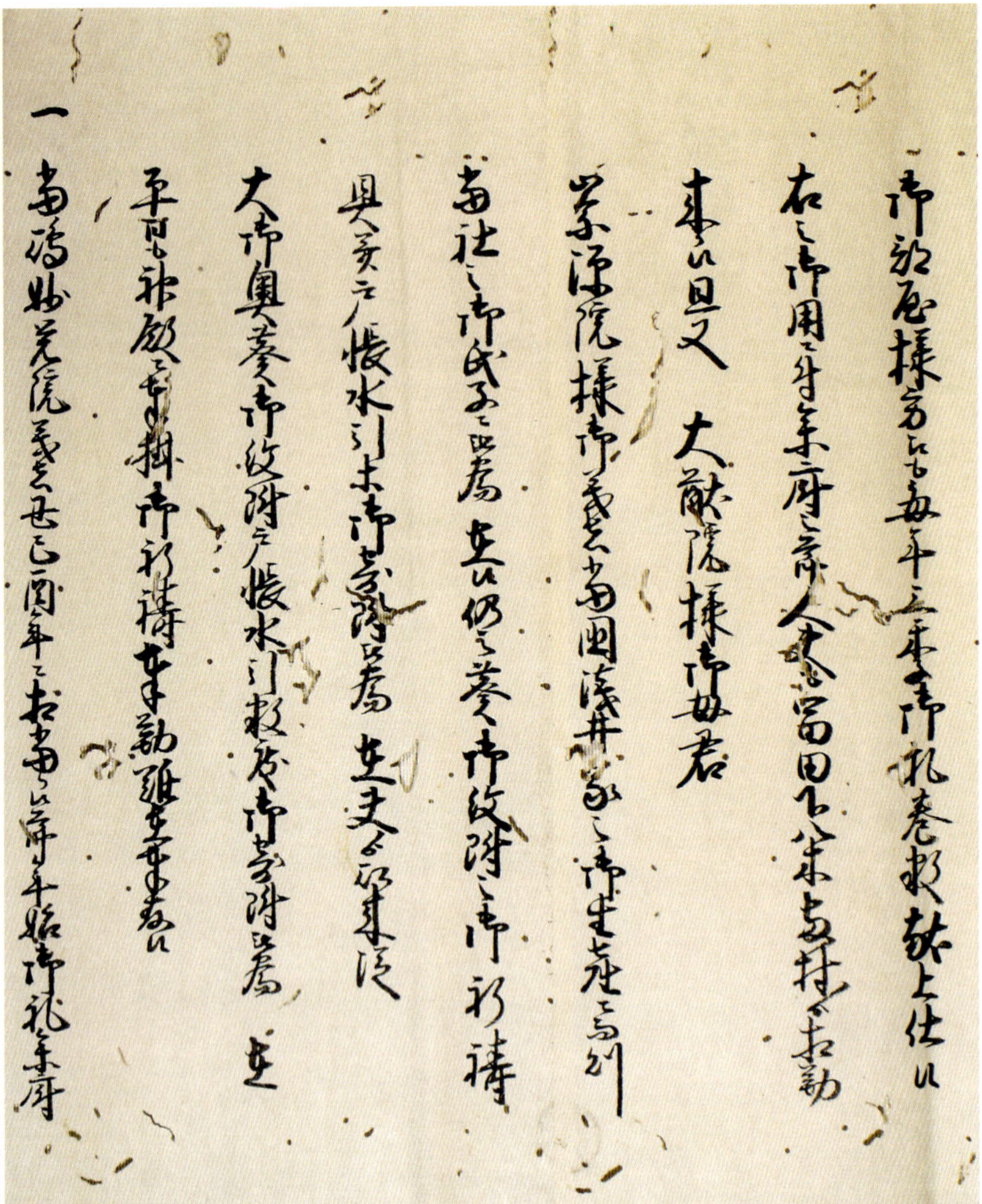

28　草津石部宿助郷之儀ニ付免除奉歎願候口上書（控）　竹生島宝厳寺蔵

古来より竹生島に奉仕する村である浅井郡下八木村・冨田村（現、長浜市下八木町・冨田町）に、草津宿・石部宿の助郷役を当てないでほしい旨を、竹生島が幕府に歎願した文書の控。

この文書の中に竹生島の由緒についての記載がある。そこには、崇源院（江）が竹生島の氏子であり、その縁で大奥から葵の紋付きの水引・戸張等を寄付してもらっている旨が記されている。浅井三姉妹の末っ子「江」は、生後間もなく小谷城が落城し、故郷の地から離れることになった。しかし、浅井家が竹生島の氏子であり、厚く信仰していたことは、しっかりと「江」の心に受け継がれていた。江戸幕府２代将軍徳川秀忠の正室となり、３代将軍家光の母となった「江」は、故郷の信仰の島・竹生島に徳川家の葵の紋が入った幕類や祈禱具を寄付したのである。

29　**葵紋付戸張**　竹生島宝厳寺蔵

竹生島が大奥より拝領した「丸に三つ葉葵」の紋付き戸張。この戸張の裏側に記された墨書により、寛政元年（1789）閏6月21日に大奥より寄付されたものであることがわかる。竹生島宝厳寺文書の中に、この戸張について記した文書がある。それによると、寛政元年に江戸「目白地蔵」で出開帳を行った際、竹生島が大奥に対して、竹生島が今まで所持していた葵紋付戸張等の修復を願い出たところ、同年閏6月21日に、大奥の代参である御使番頭「御喜満」殿からこの戸張の寄付を受けたという。徳川家の家紋である葵紋が付いた戸張や祈禱具は、崇源院（江）が竹生島の氏子であるという縁により、最初崇源院から竹生島へ寄付され、それ以来、大奥より寄付を受けるようになった。

なお、この戸張は、今回の特別展示の開催前に行った調査により発見された新出資料である。崇源院（江）と竹生島の縁をたどることができる貴重な資料である。

30　和歌色紙（伝　淀殿筆）　竹生島宝厳寺蔵

浅井三姉妹の長女淀殿（茶々）が和歌を記した色紙として竹生島に伝来した。色紙の絵画表現などから淀殿筆とは考えにくいが、竹生島と浅井三姉妹との深い由緒があるからこそ、こうした寺伝となったのであろう。

江と竹生島

浅井三姉妹の内、長女「茶々」と三女「江」については、竹生島との関係を確認することは出来るが、残念ながら次女「初」と竹生島との関係を示すものは何ひとつとして残っていない。したがって本稿では、江・茶々と竹生島との縁についてのみ触れることにする。小谷城で出生した浅井長政の三女「江」も当然のことながら竹生島の氏子である。江は、二十三歳の時に自身三度目となる結婚で徳川秀忠に嫁ぎ、徳川三代将軍家光の生母となるわけだが、江戸に行っても郷里の竹生島のことを忘れてはいなかった。もちろん、江が小谷城から退去したのは、乳児の時であったので、江自身に竹生島や郷里についての思い出があった訳ではない。しかし、生母の市や二人の姉たちなどから、浅井家と竹生島の深い関わりについては、話を聞いていたことであろう。江は、竹生島に対して、徳川家の紋である葵《あおい》の紋付きの祈禱具や戸張・水引幕などを寄付している（図版28）。残念ながら、江が寄付した品々は現在まで伝来していない。江から拝領した幕は日頃から神殿（現在の都久夫須麻神社本殿）に掛けられていたようで、その後も大奥より数度の寄付を受けている。大奥より寄付を受けた品の内、一点が平成二十三年四月に竹生島で発見された。三つ葉葵の紋が付いた戸張である（図版29）。今回の特別公開展示に伴う調査の最後の最後での発見であった。裏側に記された墨書により、寛政元年（一七八九）閏六月二十一日に大奥より寄付されたものであることが判明した。

　また、竹生島宝厳寺には蒔絵を施した三重の小塔が伝来している（図版27）。宝厳寺に伝わるところによ

崇源院像（部分）
京都市　養源院蔵

「葵紋付戸帳」の葵紋部分を拡大

国宝の唐門（前方）・重要文化財の観音堂（後方）

ると、この塔は三代将軍徳川家光の寄付であると言う。このことを証拠立てるものはないが、家光が生母である江のふるさとの信仰の島「竹生島」に、何らかの品を寄付することは十分考えられる。

淀殿（茶々）と竹生島

浅井三姉妹の長女茶々は、豊臣秀吉の側室となり世継ぎの秀頼を出産する。秀吉の死後、息子秀頼と共に大坂城へ移り、関ヶ原合戦を経て、大坂の陣へと発展することは既知のとおりである。徳川家康との対立を深める間も淀殿と秀頼は、戦乱で荒廃した寺社復興事業に取り組んだ。竹生島も淀殿・秀頼母子の支援により伽藍復興を成し遂げる。

慶長七・八年（一六〇二・三）、京都の豊国廟《とよくにびょう》の建造物を竹生島に移築するかたちで島の主要伽藍の復興を果たすことになる。この時、秀頼はまだ十歳。もちろん母淀殿がその意思決定に大きな影響力を持っていたことは想像に難くない。この復興事業は、秀吉の威容を後世に残す豊国廟の豪華絢爛な建造物を、地方へ移すという徳川家康の目論見上のこととは言え、ふるさ

唐門の彫刻　かつては極彩色で彩られていた。

※パネル展示「豊臣秀頼像」（原本）東京藝術大学蔵

と竹生島の復興に尽力したことは、淀殿にとって感慨深いものがあったに違いない。

因みに、この時の復興で豊国廟から移築されてきた宝厳寺唐門（国宝）は、もと豊臣時代の大坂城極楽橋の遺構であると考えられている。だとすれば、豊臣大坂城の唯一の建築物遺構ということになり、極めて貴重である。

第四章 武将と竹生島

片桐且元手植えとされるモチノキ

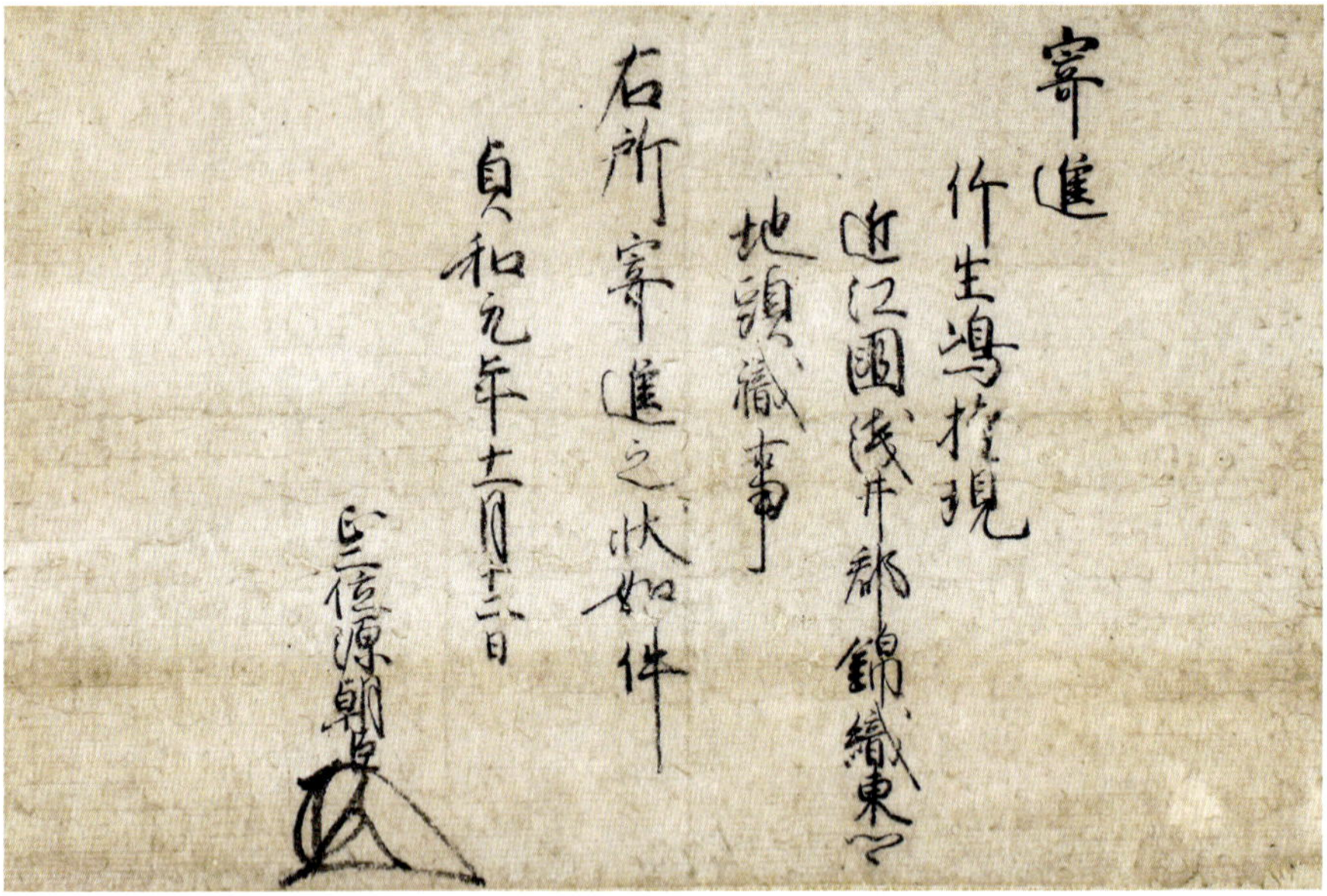

寄進
竹生嶋権現
近江國浅井郡錦織東郷
地頭職事
右所寄進之状如件
貞和元年十二月十二日
正三位源朝臣

□38　**足利尊氏地頭職寄進状**　竹生島宝厳寺蔵

足利尊氏が錦織東郷《にしこおりひがしごう》（現、長浜市錦織町付近）の地頭職を竹生島権現に寄進した文書。尊氏のこの地域における足跡は、錦織郷付近の曽根・細江・川道・中野・馬渡（いずれも現、長浜市）などに残っている。竹生島と室町幕府の関係は深く、第３代将軍の足利義満以降は、竹生島を「祈願寺」とし保護した。

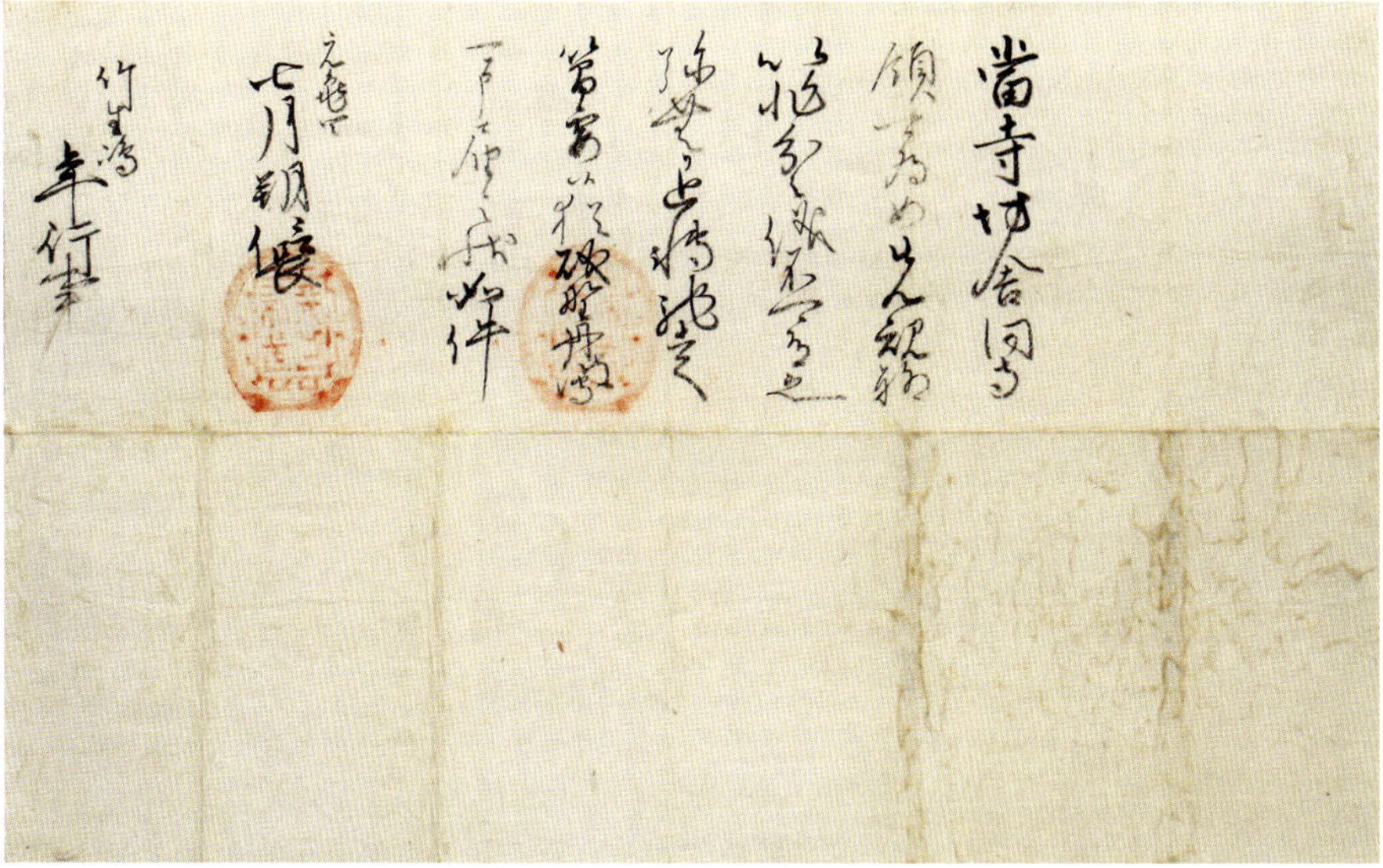

□34　**織田信長朱印状（竹生島年行事宛）**　竹生島宝厳寺蔵

織田信長が竹生島に対して、島の坊舎や寺領の権利を浅井氏統治時代と同様に認めた朱印状。竹生島は、弁才天信仰を介して浅井氏と深い結びつきを持っていたが、元亀3年（1572）7月24日の明智光秀・堅田勢らによる竹生島砲撃以後、表面上信長に従うようになったと考えられる。この竹生島の態度を見て信長側はこの安堵状を発行したのであろう。ただし、浅井長政は竹生島に材木を預けるなど、小谷城が落城するまで密かに竹生島と通じていた。竹生島と浅井氏の信頼関係は、数代に渡り築いてきたものであるから、そう容易く崩れるものではなかった。

31
豊臣秀吉像　長浜城歴史博物館蔵

32　**豊臣秀吉像（塩川文麟筆）**　長浜城歴史博物館蔵

元亀年間の「浅井攻め」で大きな功績を残した木下秀吉は、織田信長から浅井氏の遺領を賜わり、北近江の地を統治することになる。早速秀吉は、天正二年（一五七四）九月、竹生島に対して三〇〇石の寺領を安堵し、次いで天正四年（一五七六）には、自ら米一〇〇石を竹生島へ奉加した。これにならい秀吉の家族・親戚縁者・家臣たちも次々と奉加を行った。その記録は、竹生島奉加帳として今に残る。

しかし秀吉の竹生島への支援は金品の提供に留まり、蓮華会に参加する、あるいは支援するなど、宗教活動に対する支援は皆無と言ってよい。一般に秀吉は竹生島を信仰していたと評されるが、彼の竹生島信仰は、領国支配の一環で政策的なものであったと言わざるを得ない。

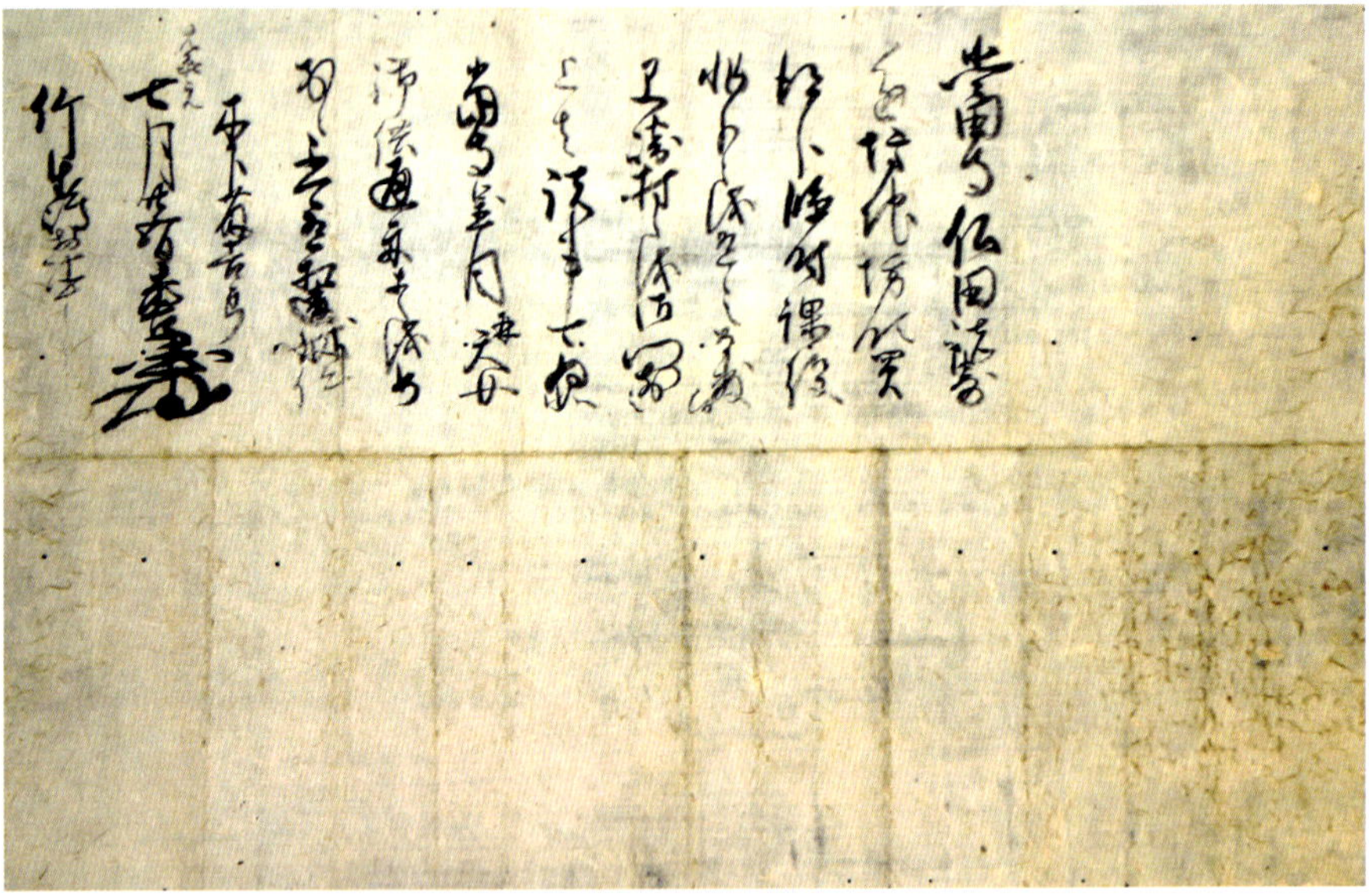

□33　木下秀吉書下（竹生島惣中宛）　竹生島宝厳寺蔵

姉川合戦の直後、小谷城の「浅井攻め」の基地であった横山城の城番時代の木下秀吉が竹生島に対して発した安堵状。寺領、臨時課役の免除、天女御供通船の権利などを安堵している。これは北近江において秀吉が発した現存する限り最初の文書であり、且つ竹生島と秀吉間の最初の公式な政治的接触であった。

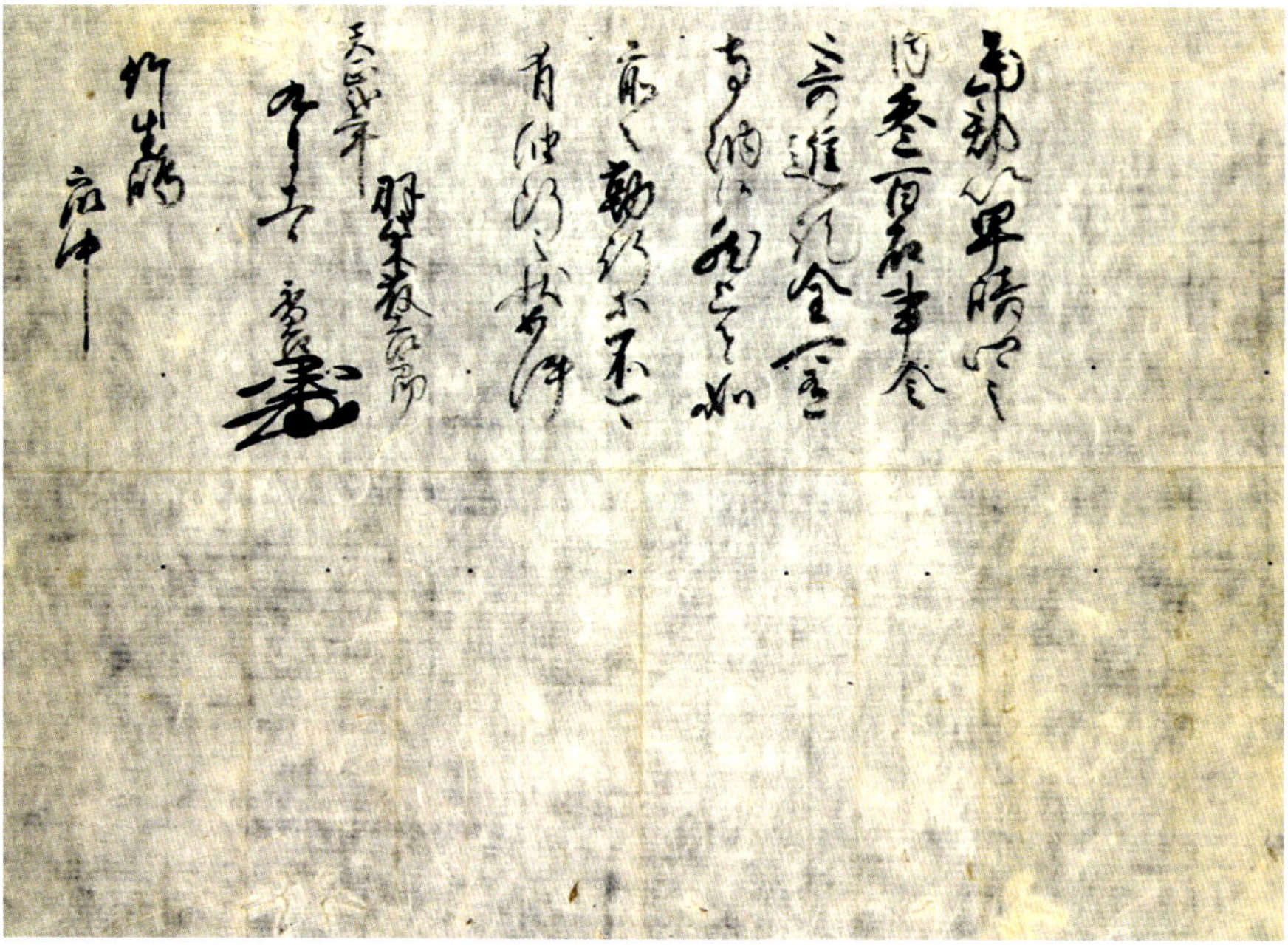

□35　**羽柴秀吉寄進状（竹生島衆中宛）**　竹生島宝厳寺蔵

羽柴秀吉が竹生島に対して、早崎郷（現、長浜市早崎町）の内300石を安堵した文書。秀吉はこの１年前、「浅井攻め」の功績により浅井氏の旧領を織田信長から賜わり、北近江一円を領国とする大名に取り立てられた。秀吉は円滑な領国経営を実現すべく、北近江の有力寺社の所領を安堵する。長浜八幡宮が160石、神照寺が160石、総持寺が120石余り、知善院が30石など、いずれも竹生島に与えられた石高を大きく下回る。このことは、秀吉の北近江統治における竹生島の位置付けの高さを物語ると解されている。

しかし、竹生島にとっては、3000石とも言われた浅井氏統治時代の竹生島領をすべて秀吉に収公された上での措置であるので、実質的には領地の９割削減であった。浅井氏の庇護のもと、北近江の寺社の中でも随一の繁栄を見せていた竹生島ではあったが、秀吉の台頭以後苦しい寺社経営を強いられることになる。

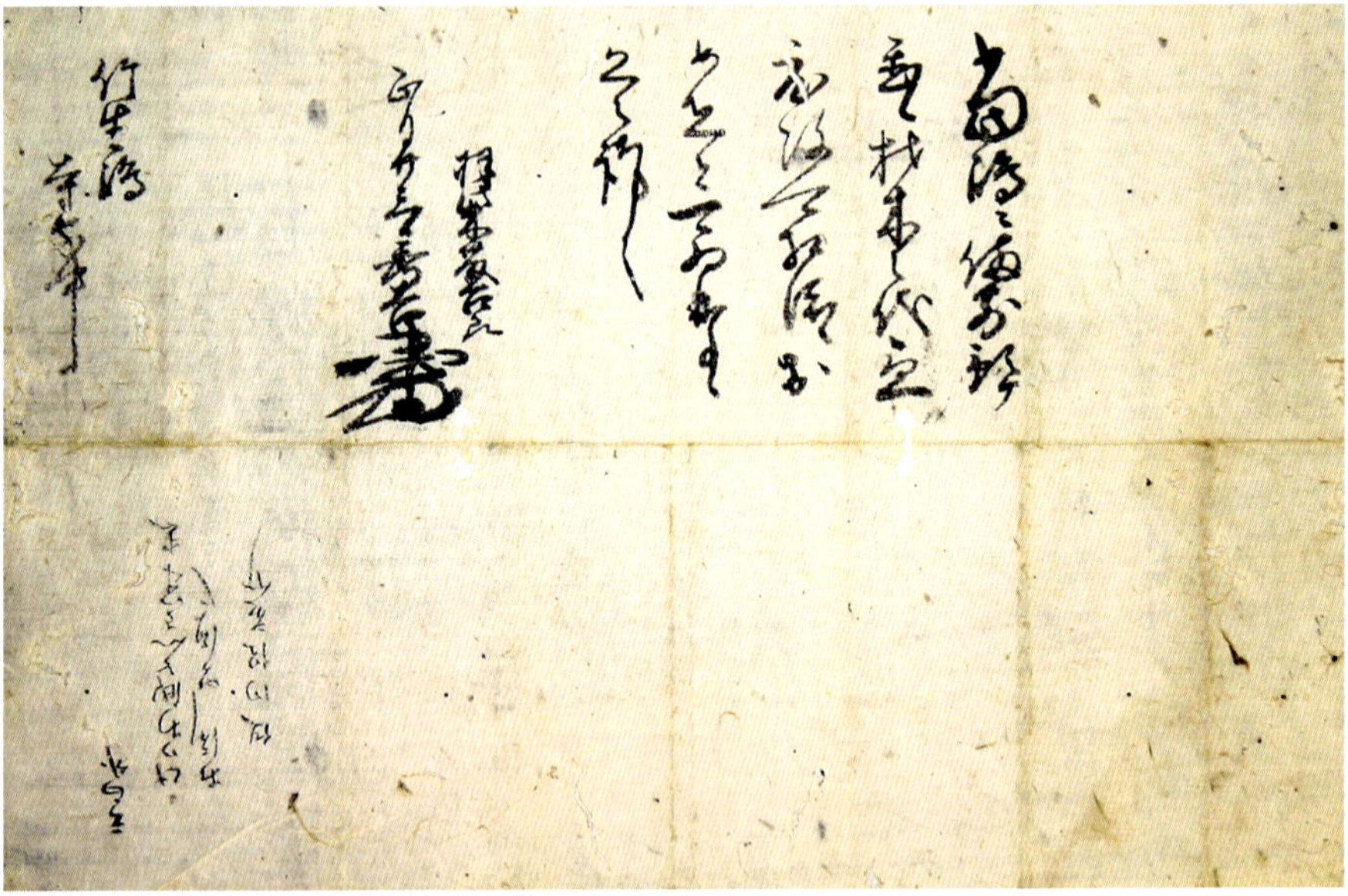

□ 36　羽柴秀吉書状（竹生島寺家中宛）　竹生島宝厳寺蔵

浅井長政（備前）が竹生島に預けていた材木を引き渡すよう、羽柴秀吉が島に対して要求した文書。長浜城築城の材として用いるために、大量の材木が必要であったのであろう。「手抜かりがある場合、罰を下す」と強く要求している。長浜城築城にかける秀吉の強い意気込みを感じる。この文書からは、秀吉の竹生島に対する敬意を感じ取ることはできない。

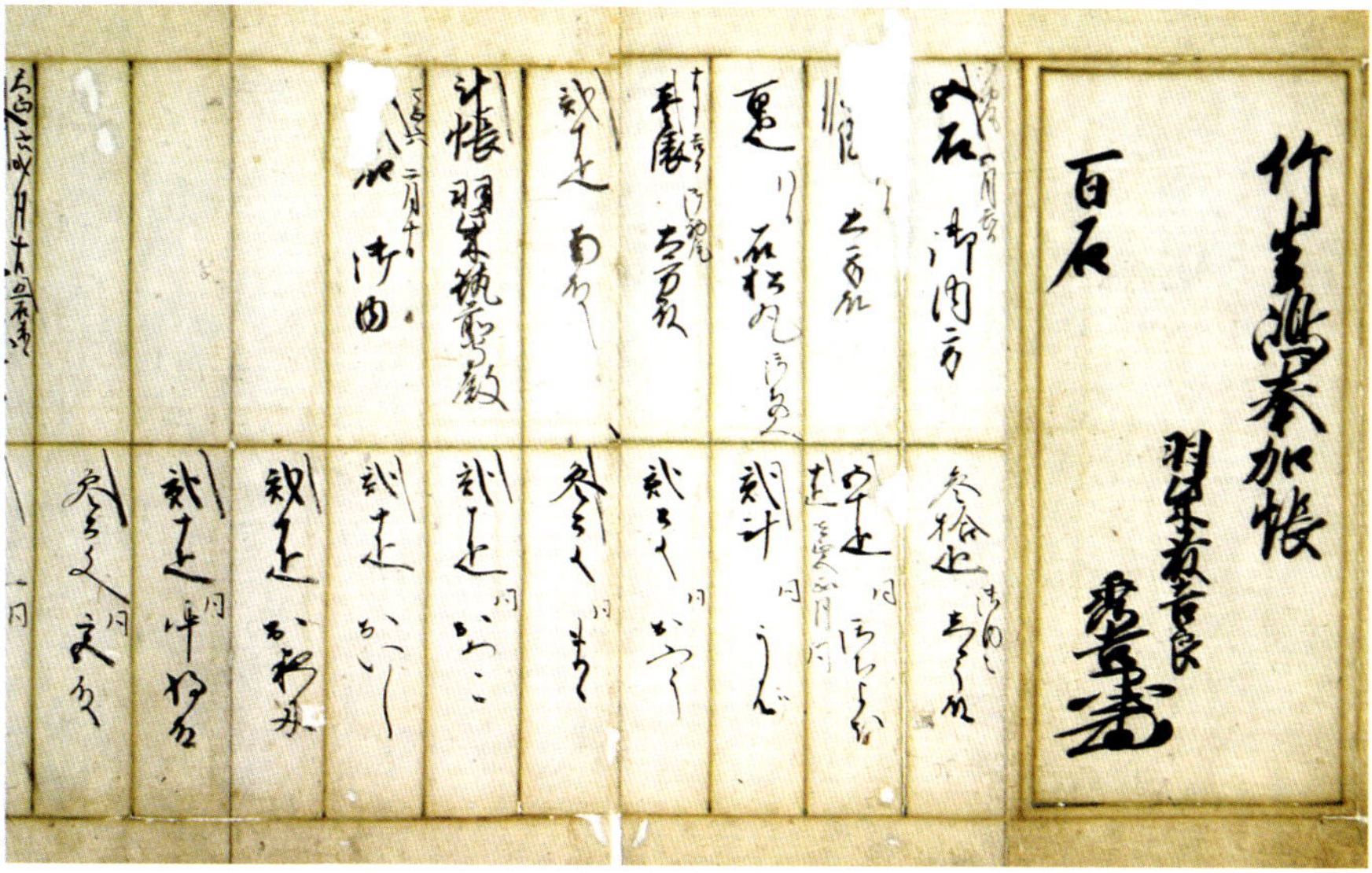

□37　**竹生島奉加帳**　竹生島宝厳寺蔵

長浜在城時代の羽柴秀吉が、米100石を竹生島に寄進したことに始まり、秀吉の家族・家臣たちが銭・米・諸品を寄進したことを記した奉加帳。永禄元年（1558）の竹生島の大火災以降、戦乱の時代ということもあって、遅々として伽藍再興が進まない中、この奉加は島の復興を援助するためのものであった。

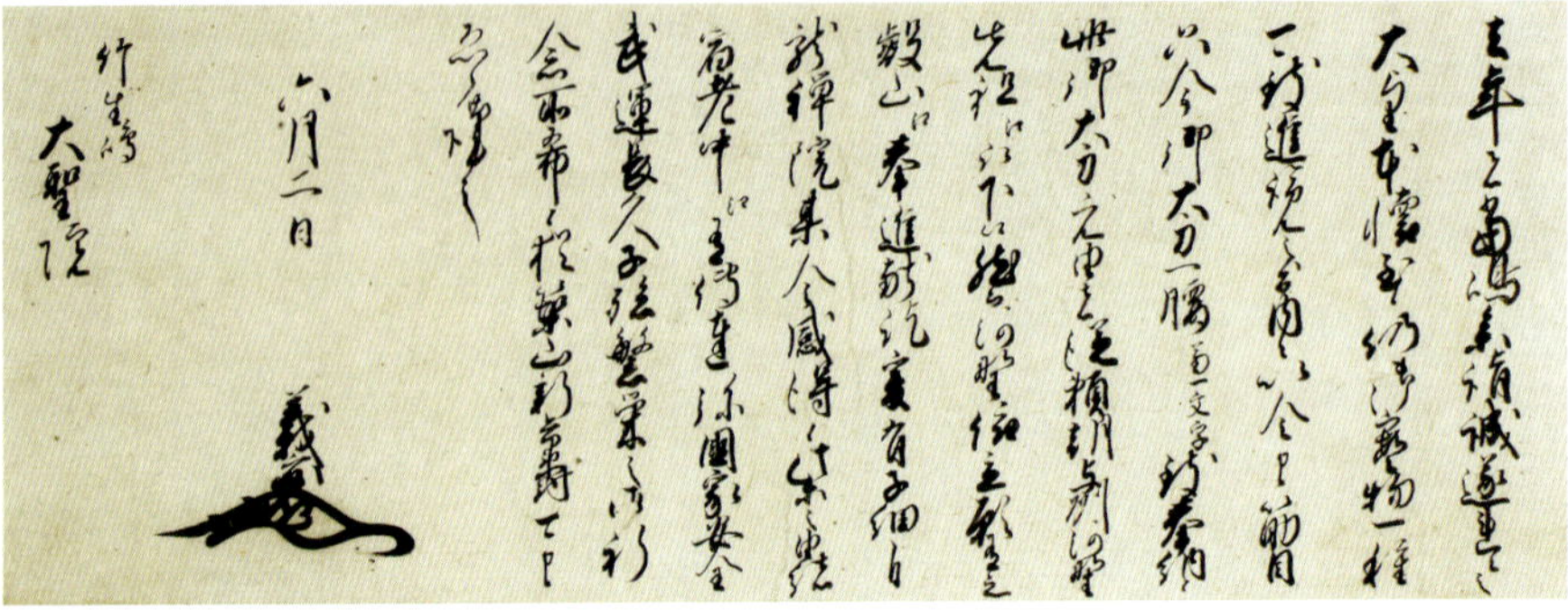

□39　**朝倉義景書状（竹生島大聖院宛）**　竹生島宝厳寺蔵

越前の戦国大名朝倉義景《よしかげ》が菊一文字の太刀を竹生島に奉納する旨を告げた文書。義景はこの文書を発する前年に、長年の大望であった竹生島参詣を遂げ、その時に宝物一種を奉納することを約束していたようである。同盟関係にある浅井氏の信仰も厚かった竹生島に参詣できた義景の喜びが伝わってくる文書である。

40　**弁天堂棟札**　竹生島宝厳寺蔵

永禄元年（一五五八）の火災で焼失した竹生島の伽藍の内、最重要施設である弁天堂は永禄十年（一五六七）に再建に取り掛かった。さらにその四十年後の慶長七年（一六〇二）、京都の豊国廟の建造物を移築するかたちで豊臣秀頼は、片桐且元を普請奉行に伽藍復興事業を実施した。その工事は、永禄十年再建の弁天堂の身舎部分をはずし（まわりの庇部分だけを残す）、移築建造物を中に組み込むという特殊なものになった。

41　**田中吉政像**　長浜城歴史博物館蔵

はじめ浅井家家臣の宮部継潤に仕え、次いで豊臣家に仕え、最後は徳川家に仕え、立身出世を果たした武将、田中吉政の肖像画。鼻筋左側と唇に傷跡がみえる。これは豊臣秀次に仕えていた時に潜伏した不心得者を成敗した時に負ったものという。豊臣秀吉は、吉政のこの傷を見て、「汝、面ぬるかりしに、疵を蒙って勇猛の姿あらわる」と労ったと伝えている。(『続武家閑談』)

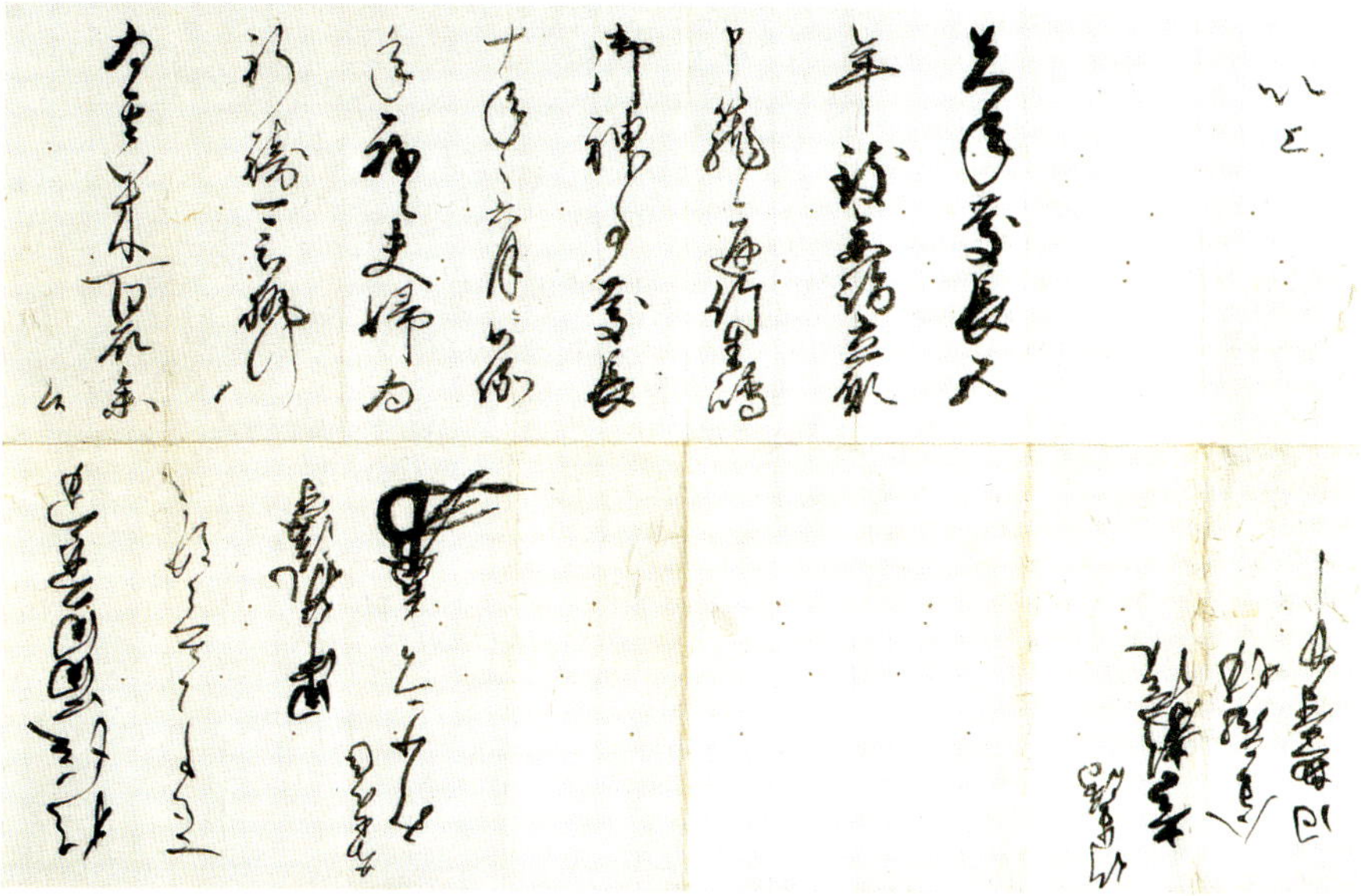

42　田中吉政書状（竹生島常教院・金蔵坊・同惣寺中宛）　竹生島宝厳寺蔵

筑後柳川藩32万石の藩主田中吉政が、慶長10年（1605）６月に執行される蓮華会の頭役を夫婦で受けたい旨を竹生島に伝えた文書。吉政は浅井郡三川村（現、長浜市三川町）出身。はじめ隣郷宮部村の土豪宮部継潤の家来であったが、その後着実に出世し、近江八幡城主豊臣秀次の宿老筆頭格、三河岡崎城主を経て、関ヶ原合戦には東軍側として参戦。敗走する石田三成を捕縛するという手柄をたて、筑後一国を家康から拝領した。

文書中には、すでに吉政が慶長５年（1600）に竹生島に参詣し、神仏に立願した旨が記されている。その立願が叶い大大名となった吉政は、浅井郡出身者として、竹生島の蓮華会の頭を受けたいと願ったのである。吉政もまた一人の浅井郡の民として竹生島弁才天信仰を持ち続けていたのであった。

明智光秀らによる竹生島攻撃（画：佐々木洋一氏）

羽柴秀吉と竹生島

織田信長・徳川家康軍と浅井長政・朝倉景健《かげたけ》軍が戦った元亀元年（一五七〇）六月二十八日の姉川合戦後、織田側の手中に入った横山城（長浜市堀部町・石田町）には、木下藤吉郎秀吉が城代として入り、同城は、小谷城に籠もる浅井氏を攻める織田側の最前線基地となる。

秀吉は横山城の守将となった直後、元亀元年（一五七〇）七月二十五日に、竹生島のすべての寺領及び臨時課役免除を安堵している（図版33）。これが北近江における秀吉が発した現存するかぎり最初の文書とされている。

その後、織田勢による浅井包囲網が狭まる中、浅井氏と親密であった竹生島は、元亀三年（一五七二）七月二十四日、明智光秀率いる堅田勢らに、火矢・鉄砲・大筒《おおづつ》で湖上から攻撃されることになる。もちろん、竹生島に反撃する術はない。

竹生島はこれ以後、見かけ上は織田側に従順になったと考えられる。織田勢に敵対する意思が竹生島にな

現在の長浜城。昭和58年に再興され、内部は湖北の歴史を紹介する博物館になっている

いと確認できたのであろう、織田信長は、元亀四年（一五七三）七月一日、竹生島の寺坊・寺領のすべてを安堵している（図版34）。同年八月には小谷城が落城し、浅井氏は滅亡する。秀吉は、浅井攻めの功績により浅井旧領を引き継ぐ形で、北近江を治める一国一城の主となる。

秀吉の領国経営と竹生島

北近江を治める大名となった秀吉は、早速、今浜の地を長浜と改め、新城の築城に取り掛かる。天正二年（一五七四）早々には、浅井長政が竹生島に預けていた材木を引き渡すよう島に命令を出している（図版36）。さらに同年九月には、竹生島のすべての寺領を収公した上で、改めて早崎村の内三〇〇石を島に寄進したのである（図版35）。この時、竹生島は相当落胆したことであろう。江戸時代の文書によると「恐れながら、驚愕つかまつり候」と表現している。

秀吉はこの他、北近江一円の有力寺社の所領を安堵している。長浜八幡宮が一六〇石、神照寺が一六〇石、総持寺が一二〇石余り、知善院が三〇石など、いずれも竹生島に与えられた石高を大きく下回っている。秀吉の北近江統治における竹生島の位置づけの高さを物語っている。

しかし、竹生島は浅井支配時代には、これをはるかに超える寺領（三〇〇〇石とも言われる）を領していたのであるから、実質的には大幅な領地削減であった。江戸時代、竹生島が秀吉のことを良く評価していないのはこのためである。とは言うものの、さらに秀吉は竹生島支援を行う。秀吉自ら率先して竹生島への奉加を行い、これにならい家族・親戚縁者・家臣たちも奉加を行った。その記録は、竹生島奉加帳（図版37）として今に残る。しかし秀吉の竹生島支援は金品の提供に留まり、蓮華会に参加、あるいは支援するなど、宗教的支援は皆無と言ってよい。一般に秀吉は竹生島を信仰していたと評されるが、彼の竹生島信仰は、領国支配の一環で政策的なものであったと言わざるを得ない。しかしながら、秀吉の領国経営は、民衆の心を掴んでいる寺社への支援、長浜町衆への年貢の優遇など、随所に巧みさを垣間見ることができる。

自らが天下人となることを夢見て日々邁進した秀吉の統治者としての第一歩が北近江の領国経営であり、その第一手目が、竹生島に対する領地の安堵、そして領地の収公、その後の奉加であった。秀吉の柔剛自在な政治手腕が発揮されたのである。

解説と釈文

＊法量の単位は、すべてセンチメートルである。

1　弁才天坐像（浅井久政奉納）

一躯
永禄八年（一五六五）
像高　一四五・〇
竹生島宝厳寺蔵

△2　弁才天坐像

一躯
弘治三年（一五五七）
像高　三八・五
竹生島宝厳寺蔵

膝裏部の墨書銘に「江州浅郡／河路浜／惣兵衛／後頭／弘治三／年六月／吉日施主／敬白」とあり、弘治三年（一五五七）に河路浜《かわみちはま》（現、長浜市南浜町・大浜町）の惣兵衛が後頭《ごとう》を受けた際に製作し、島に奉納した像であることが判明する。また、背部材内刳面の墨書銘には「坂田郡／大仏子重清／平方庄」とあり、後世の多くの弁才天像と同じく坂田郡平方庄（現、長浜市平方町付近）の仏師が制作したこともわかる。

□3　弁才天像

一幅
南北朝時代
絹本著色
八〇・一×四二・〇
竹生島宝厳寺蔵

4　弁才天像

一幅
絹本著色
江戸時代
一〇三・二×四八・四
竹生島宝厳寺蔵

5　聖観音立像

一躯
平安時代
像高　六七・五
竹生島宝厳寺蔵

□6　不動明王坐像

一躯
平安時代
像高　五五・一
竹生島宝厳寺蔵

7　平経正像（絵馬）　八木寄峰画

一面
板絵著色
嘉永四年（一八五一）
一二三・八×一六七・〇
竹生島宝厳寺蔵

◎8　空海請来目録

一巻
平安時代
二七・一×一〇八五・〇
竹生島宝厳寺蔵

◎9　大光寺宗光寄進状

一通
観応元年（一三五〇）
三〇・九×四八・七
竹生島宝厳寺蔵

【釈文】

奉寄進　竹生嶋神殿
　弘法大師御真跡
　　上新請来経等目録表一巻廿二紙
　　　此内一所十行一所三行他筆也
右真跡者、禅師宗光年来
所持之重寶也、然而且為
興隆仏法利益衆生、且為
心中悉地決定円満、所奉納
神殿也、仍寄進之状、如斯、
　観応元年庚寅卯月十日
　　　大光寺宗光

□10　竹生島衆徒等目安案

一通
応永二十八年（一四二一）
三六・四×五八・一
竹生島宝厳寺蔵

本文の前に蓮華会の由来を記している。それによると蓮華会は、大旱魃のおり、円融天皇（九六九〜八四）が慈恵大師（良源）に請雨の祈禱を勅宣し、これを受けて日吉大宮において大師が祈禱した際、「権現之霊夢」があり、それにより竹生島で舞楽を奏で、御体を供養し、法華妙文を誦えたところ、たちまち雨が降ったことに始まるという。

【釈文】

目安
　江州竹生嶋衆徒等謹言上
右當寺六月蓮華會者、円融院御宇、依為　天下大旱魃」請雨
之御祈被下　勅宣於慈恵大師、於日吉大宮精誠御禱之刻、」

恭蒙権現之霊夢、於當嶋奏舞楽御躰供養并誦法華妙文」被修此法會之間、忽降雨而國土豊饒万民快楽、是併非寺中之依怙、」且天下御祈禱、且率土之安泰也、自爾以来浅井東西両郡為頭役」于今無断絶者也、爰去年殊更依為旱魃致精誠之懇祈之處、浅井」西郡〔字〕五坪之粟間子息〔不知實名〕依為祐福之人令差定處及難澁」令闕怠之段、啻匪闕當寺神役、剰閣天下之御祈禱之条、不恐」神慮偏令軽　公方申上者、此時無御治罰者、向後之法會退転」勿論也、就中神事奉行依無沙汰令遅引上者、於向後者改易奉行、」為寺中可致益法差定之由、預速ニ快之御成敗、弥欲致請雨撫」育之御祈禱之旨、衆徒等謹言上、

應永廿八年二月　日

◎11　毛抜形太刀　一口

平安時代（後期）
刃長　三五・二
反　〇・三
竹生島宝厳寺蔵

12　弁才天坐像（浅井寿松奉納）　一躯

永禄九年（一五六六）
像高　一一七・〇
竹生島宝厳寺蔵

13　浅井長政像　一幅

江戸時代（中期）
九八・三×三九・七
長浜城歴史博物館蔵

Ⓡ14　浅井長政夫人像（複製）　一幅

安土桃山時代
九六・〇×四〇・九
（原本）高野山持明院像

Ⓡ15　浅井久政像（複製）　一幅

永禄十二年（一五六九）
九二・八×三八・〇
（原本）高野山持明院

戦国大名浅井氏第二代目の当主、久政の肖像画。高野山持明院に伝来。上部に永禄十二年の玄中性洞の賛があるので、生前に描かれた寿像である。久政は蓮華会の頭役を受けるなど、竹生島を厚く信仰していた人物である。

Ⓡ16　竹生島祭礼図（複製）　一幅

絹本著色

室町時代（後期）
八一・六×八九・二
（原本）東京国立博物館蔵

伽藍配置を概観すると、中央に本尊の弁才天像を安置する桁行三間入母屋造りで正面に一間の庇が付く弁才天堂。弁才天堂正面の両脇には、両明神と呼ばれる一間社流造りの小社。さらに弁才天堂正面には舞台を挟んで桁行七間の入母屋造りの拝殿は、宮崎の根元から先に向かって張り出すように斜面に建てられているため、床束を長く伸ばした懸造りとしている。弁才天堂と拝殿の間には、舞台を囲むように東側に楽屋、西側に経所は、いずれも切妻造りで左右対称に建てられている。経所の北側から仁王崎へ渡る太鼓橋が架けられ、四間四面入母屋造りの観音堂へと続く。観音堂の正面（西側）には切妻造りの門を構えている。さらに観音堂の北側上部には朱塗りの三重塔がそびえている。また、太鼓橋の北側には桁行三間、梁間二間の開山堂が建つ。弁才天堂の東側と観音堂の西側には、板葺き懸造りの院坊が密集し建ち並ぶ。西側の院坊のさらに上部の山林の中には、雨宝堂と思われる小堂がわざわざ描かれており、この小堂が竹生島にとって重要なものであることがうかがわれる。

□17　蓮華会頭役門文録　一冊

江戸時代（後期）
二四・〇×一六・〇
竹生島宝厳寺蔵

△18　鉄釣灯籠　一基

永禄六年（一五六三）
高三六・五
径三六・〇
長浜市益田町　麻蘇多神社蔵

19　小嶋権現棟札　一枚

八八・六×一五・七
永禄一〇年（一五六七）
長浜市富田町　八幡神社蔵

【釈文】

浅井蔵屋
榑五拾丁寄進　干時永禄十年丁卯九月六日
馨庵壽松

□20　浅井直政・慶集連署寄進状　一通

二八・六×四〇・七
明応九年（一五〇〇）
竹生島宝厳寺蔵

【釈文】

奉寄附竹生嶋天女御宝前如法経供料米田地事
　在江州高嶋郡川上庄内、乃生名半名、在坪
タツミ河北ノクルヨリ三段四段五段也、定徳分
貳石也、諸公事物等、別立用在之、無万雑公事、
依有地類、本文書ノ裏ヲワツテ、寄進申者也、
又三段者、江州高嶋郡海津庄大所開田内、
乙行名内、在坪ハトリ前三段也、徳分三石也、
万難無公事、地カ□ミ本文書在之、以上徳分
　都合伍石也、
右件田地、元者浅井後室慶集先祖相傳私領也、
雖然為後生善處、如法経供料仁奉寄附者也、
勤行趣者、源呼實名良祐如被相定置、可在
之者也、行事人数番経、十二人可為輪番、此外上
為十八人、法度之儀禁等に御異見可為肝
要候、手次裏ヲワリ、本文書相副上者、縦雖為
天下一統徳政、不可有違乱者也、子々孫々、後々末代、
更不可有他妨、仍為後代、支證明白状如件
　明應九年庚申三月十二日　浅井後室慶集（花押）
　　　　　　　　　　　　浅井井三郎直政（花押）

□21　浅井亮政書状（竹生島御宿老衆宛）　一通

二四・八×四三・三
室町時代（後期）
竹生島宝厳寺蔵

蓮華会について何らかの問題が発生したとみられ、竹生島が浅井亮政にその取り計らいを依頼したことに対する亮政の返答書。十二月付けの文書であるので、翌年の蓮華会の頭役選定をめぐる事柄と思われる。亮政は竹生島に対して、「（蓮華会）が退転《たいてん》するようなことはあってはならないので、以後は（関係者と）よく相談し頭役候補を選定するようにしなさい」とアドバイスしている。浅井氏が領主としての立場以上に、竹生島と深い結びつきを持っていることをうかがわせる。浅井氏の竹生島信仰を考える上で貴重な資料である。

【釈文】

就蓮花會之儀、先日者預
御状候、存分之段、御返事申候、
無其隠會職候之条、聊爾ニ
御意得候て、退転之儀太不可

然候、以後者能々被成御尋
被入御公事候て、可然存候、仍
両種御樽被懸御意候、目出
畏入候、明春者早々御吉事
可申承候、恐惶謹言
十二月廿一日　亮政（花押）
竹生嶋御宿老衆
御報

□22　浅井久政書状（竹生島年行事御坊中宛）

一通

二五・九×四四・一

弘治二年（一五五六）

竹生島宝厳寺蔵

【釈文】

従大浦荒破
諸浦船申付、取
寄候条、早崎船
事向後不可
成引懸候条、被仰
付可被出候、猶以
急用付如此候、
恐々謹言、
弘治弐年
八月廿一日　浅左兵
久政（花押）
竹生嶋
年行事
御坊中

□23　浅井久政書状（千宝房御房中宛）

一通

二七・三×四四・三

永禄元年（一五五八）

竹生島宝厳寺蔵

【釈文】

当寺炎上、言語
道断次第候、各御
迷惑令察候、就其
此方入物、被置万事
被執出被懸御意候、誠
被入御情如此之儀、難
申謝候、御殿仁在之
七内四ツ相届候、必従
是可申述候、先為御礼
令啓候、恐々謹言、

浅井左兵衛尉
十月十二日　久政（花押）
千宝房
御房中

□24　浅井賢政書状（竹生島年行事御房中宛）　一通

二六・八×四四・二
永禄三年（一五六〇）
竹生島宝厳寺蔵

【釈文】

竹生嶋神領、早
崎村并所々散在
田畠、諸公事、臨時
課役、段銭、人夫等
事、従先規免除
筋目、向後聊不
可有相違候、恐々
謹言
新九郎
永禄三
十一月九日　賢政（花押）
竹生嶋
年行事
御房中

□25　浅井長政書状（竹生島四人衆中宛）　一通

室町時代（後期）
二五・二×四一・二
竹生島宝厳寺蔵

【釈文】

就来年蓮花會之事、
芳札并御書立之趣、具披見申候、
拙子無案内之儀候間、各次第候、
乍去毎々相違共在之様、取沙
汰候条、向後別而可被入御念候、
随而三田村与介与申候ハ、如何様之
身上候哉、承度候、猶重而可示
預候、恐惶謹言
七月十一日　□政（花押）
竹生嶋
四人衆中　御返報

26　豊臣秀頼建立棟札　一枚

慶長七年（一六〇二）
九〇・六×一四・七
竹生島宝厳寺蔵

【釈文】

秀頼公御建立　御奉行片桐市正
雨森［　　］
大野木［　　］
大音［　　］
西村清右衛門尉

（裏面）
慶長七壬寅年
九月六日

27　蒔絵三重塔（伝　徳川家光寄進）　一基

江戸時代
塔高（須弥壇を含む）　七四・五
竹生島宝厳寺蔵

28　草津石部宿助郷之儀ニ付免除奉歎願候口上書（控）　一通

嘉永二年（一八四九）
三四・〇×三六四・〇
竹生島宝厳寺蔵

【釈文】※関係箇所のみ

且又　大猷院様御母君
崇源院様御義者、当国浅井家之御生産ニ而、則
当社之御氏子ニ被為　在候、仍之葵御紋附之御祈祷
具并戸張水引等御寄附被為　在、夫より以来、従
大御奥、葵御紋附戸張水引数度御寄附被為　在
平日も神殿ニ奉掛、御祈祷奉勤、難在奉存候、

29　葵紋付戸張　一張

寛政元年（一七八九）
九四・五×一一八・二
竹生島宝厳寺蔵

【裏面墨書】

此御戸張、寛政元酉年
閏六月廿一日、従
御大奥為御修覆御
寄附被成下候物

30　和歌色紙（伝　淀殿筆）

一枚
江戸時代
二七・二×一九・三
竹生島宝厳寺蔵

31　豊臣秀吉像

一幅
江戸時代
一一八・四×五七・〇
長浜城歴史博物館蔵

32　豊臣秀吉像（塩川文麟筆）

一幅
明治時代
一〇九・八×四一・三
長浜城歴史博物館蔵

□33　木下秀吉書下（竹生島惣中宛）

一通
元亀元年（一五七〇）
二九・四×四五・六
竹生島宝厳寺蔵

【釈文】

當寺仏田、諸寄
進、坊地、坊領、買
得分、臨時課役
非分之儀、有之間敷候、
早崎村之儀、御門前之
上者、諸事可為如
当寺置目、并天女
御供通舟等之儀、如
前々不可有相違状如件
　木下藤吉郎
元亀元
　七月廿五日秀吉（花押）
竹生嶋惣中

□34　織田信長朱印状（竹生島年行事宛）

一通
元亀四年（一五七三）
二八・三×四五・四
竹生島宝厳寺蔵

【釈文】

當寺坊舍、同寺
領、可為如先規、聊
以非分之儀、不可有也、

弥無御退転、馳走
簡要候、猶磯野丹波守
可申届之状、如件
元亀四
七月朔信長印（朱印）
竹生嶋
年行事

□35 羽柴秀吉寄進状（竹生島衆中宛） 一通

天正二年（一五七四）
三〇・七×四三・〇
竹生島宝厳寺蔵

【釈文】

当郡以早崎郷之
内、参百石事、令
寄進訖、全可有
寺納候、然上者、如
前々勤行等不可
有油断之状如件
羽柴藤吉郎
天正弐年
九月十一日　秀吉（花押）
竹生嶋
衆中

□36 羽柴秀吉書状（竹生島寺家中宛） 一通

〔天正二年（一五七四）〕
二九・七×四五・七
竹生島宝厳寺蔵

【釈文】

当島ニ備前預ケ
置候材木之儀、急
度改可相渡候、於
如在者、可為曲事、
恐々謹言
羽柴藤吉良
正月廿三日秀吉（花押）
竹生嶋
寺家中
（別筆）

天正弐

此御折紙をさい木悉
相渡し候、皆済也、
使　内保藤介

□37　竹生島奉加帳　一帖

天正四年～十六年（一五七六～八八）
三一・〇×四〇〇・二
竹生島宝厳寺蔵

【釈文】（展示部分のみ）

竹生島奉加帳
羽柴籐吉良
百石　秀吉（花押）
御初尾　五月六日　　御内之
五石　御内方　　参十疋　志々う殿
同日　　同
□俵　大方殿　　五十疋　御ちよほ
十疋　天正五正月　同
同日　　同
百疋　石松丸　御ちの人　弐斗　うば
十月吉日　御初尾　　同
壱俵　大方殿　　弐百文　おふう
同
弐十疋　南殿　　参百文　まゝ

□38　足利尊氏地頭職寄進状　一幅

貞和元年（一三四五）
三三・七×五二・二
竹生島宝厳寺蔵

【釈文】

寄進
竹生嶋権現
近江国浅井郡錦織東郷
地頭職之事
右所寄進之状如件
貞和九年十一月十二日
正二位源朝臣（花押）

□39　朝倉義景書状（竹生島大聖院宛）

一幅
室町時代（後期）
一七・三×五〇・八
竹生島宝厳寺蔵

【釈文】

去年者当嶋参詣、誠遂連々之
大望本懐至極候、仍御寶物一種
可致進覧之分、内々以令申候筋目
只今御太刀一腰菊一文字致奉納候、
此御太刀元由者、従頼朝与州河野
先祖江被下候、然而河野依立願有之、
叡山江奉献訖、爰有子細、自
龍禅院某令感得候、此等之由緒
宿老中江有伝達、弥國家安全、
武運長久、子孫繁栄之御祈
念所稀候、猶築山新兵衛尉可申候、
恐々謹言
　六月二日　義景（花押）
竹生嶋
　大聖院

40　弁天堂棟札

一枚
慶長七年（一六〇二）
九九・五×一六・六
竹生島宝厳寺蔵

【釈文】

御弁才天御建立御奉行　片桐市正
雨森長介
大野木五郎左衛門尉
大音市左衛門尉
西村清右衛門尉

（裏面）
慶長壬寅年
九月六日

41　田中吉政像

一幅
絹本著色
江戸時代（初期）
七一・六×三四・〇
長浜城歴史博物館蔵

42　田中吉政書状（竹生島常教院・金蔵坊・同惣寺中宛）

一通

慶長九年（一六〇四）

三三・五×五〇・九

竹生島宝厳寺蔵

筑後柳川藩三二万石の藩主田中吉政が、慶長十年（一六〇五）六月に執行される蓮華会の頭役を夫婦で受けたい旨を竹生島に伝えた文書。吉政は浅井郡三川村（現、長浜市三川町）出身。はじめ隣郷宮部村の土豪宮部継潤の家来であったが、その後着実に出世し、近江八幡城主豊臣秀次の宿老筆頭格、三河岡崎城主を経て、関ヶ原合戦には東軍側として参戦。敗走する石田三成を捕縛するという手柄をたて、筑後一国を家康から拝領した。文書中には、すでに吉政が慶長五年（一六〇〇）に竹生島に参詣し、神仏に立願した旨が記されている。その立願が叶い大大名となった吉政は、浅井郡出身者として、竹生島の蓮華会の頭を受けたいと願ったのである。吉政もまた一人の浅井郡の民として竹生島弁才天信仰を持ち続けていたのであった。

【釈文】

以上

先年慶長五
年致参詣、立願
申籠候通、竹生嶋
御神事、慶長
十年之六月ニ、如例
年我々夫婦為
祈禱、可被執行候、
為其八木百石参候、
猶従冨田久左衛門方
被申候、恐々謹言
田中筑前守
慶長九年
五月十二日　吉政（花押）
竹生嶋
常教院
金蔵坊
同惣寺中

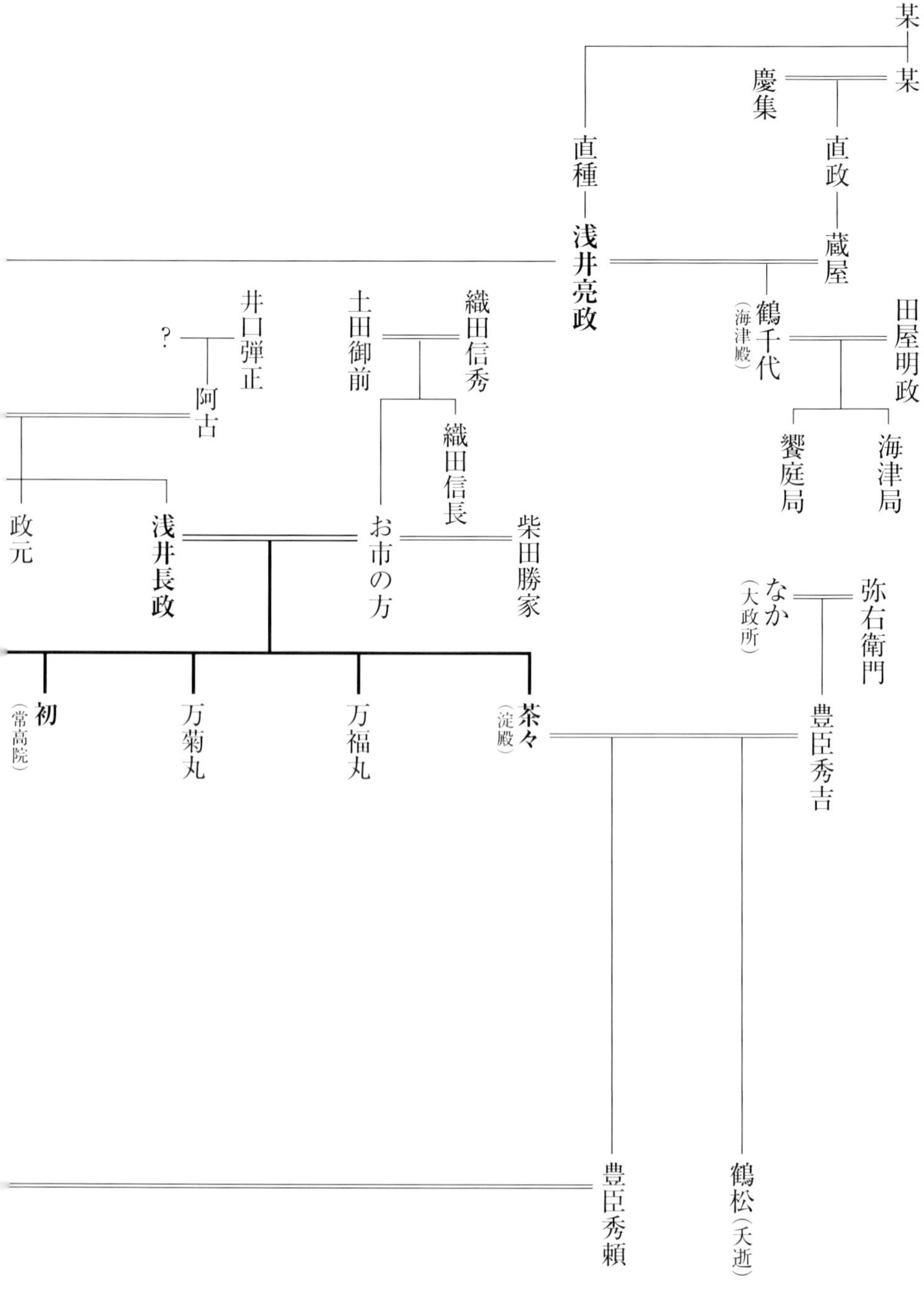
某
某
慶集
直種
直政
浅井亮政
蔵屋
鶴千代（海津殿）
田屋明政
海津局
饗庭局
井口弾正
?
阿古
織田信秀
土田御前
織田信長
政元
浅井長政
お市の方
柴田勝家
弥右衛門
なか（大政所）
豊臣秀吉
茶々（淀殿）
万福丸
万菊丸
初（常高院）
鶴松（夭逝）
豊臣秀頼

浅井家系図

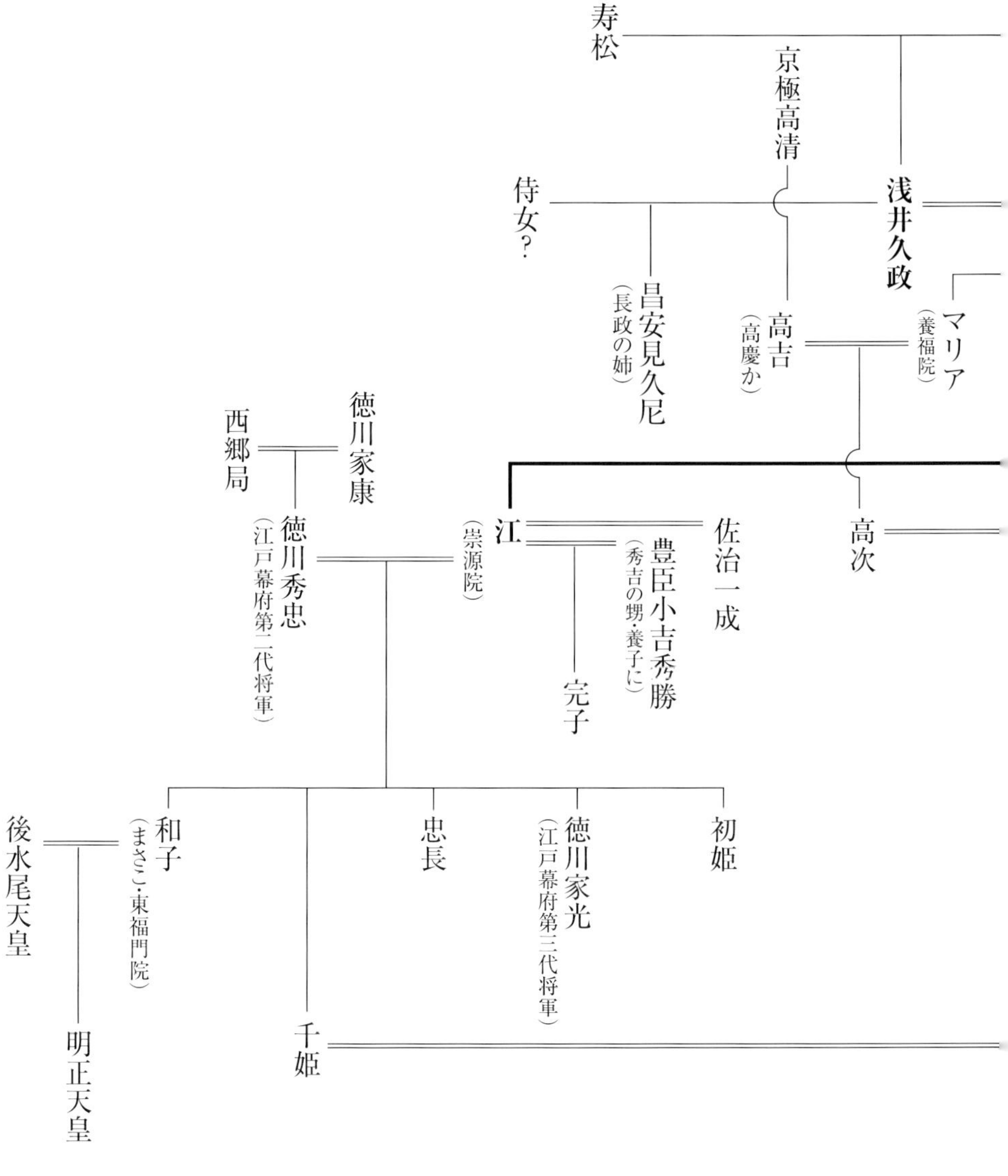
寿松
京極高清
浅井久政
侍女？
昌安見久尼（長政の姉）
高吉（高慶か）
マリア（養福院）
徳川家康
西郷局
江（崇源院）
佐治一成
豊臣小吉秀勝（秀吉の甥・養子に）
高次
徳川秀忠（江戸幕府第二代将軍）
完子
和子（まさこ・東福門院）
忠長
徳川家光（江戸幕府第三代将軍）
初姫
後水尾天皇
千姫
明正天皇

長浜城歴史博物館スタッフ（平成二十二年度）

中井　均　北村大輔
太田浩司　山口優子
森岡榮一　福井智英
西原雄大　田中かおり
高橋麻美　山崎うらら
百々なつみ

お世話になった方々（順不同・敬称略）

高野山持明院
高野山霊宝館
東京藝術大学
東京国立博物館
養源院
奈良県立美術館
常高寺
徳勝寺
長浜市富田町自治会
八幡神社（富田町）
長浜市益田町自治会
麻蘇多神社（益田町）
長浜観光協会
長浜観光ボランタリーガイド協会
琵琶湖汽船
オーミマリン
竹生島奉賛会
江・浅井三姉妹博覧会実行委員会
阿部松雄
川崎太源
佐々木洋一

特別公開「浅井氏の竹生島信仰と秀吉の大望～浅井三姉妹 心の源流～」展図録

戦国武将《せんごくぶしょう》の竹生島《ちくぶしま》信仰

初版第一刷 平成二十三年四月二十八日
第三刷 平成三十年七月三十一日

執筆・編集 長浜市長浜城歴史博物館
〒五二六—〇〇六五 滋賀県長浜市公園町一〇—一〇
電話 〇七四九（六三）四六一一

発行 竹生島宝厳寺
〒五二六—〇一二四 滋賀県長浜市早崎町竹生島一六六四
電話 〇七四九（六三）四四一〇

発売 サンライズ出版
〒五二二—〇〇〇四 滋賀県彦根市鳥居本町六五五—一
電話 〇七四九（二二）〇六二七

ISBN978-4-88325-447-7
定価は表紙に表示しています。
乱丁・落丁本はお取り替えいたします。

長浜城歴史博物館の本

神になった秀吉
—秀吉人気の秘密を探る—

戦国乱世を駆け、天下統一を果たした豊臣秀吉。豊臣家が滅亡、徳川の世となっても、世の人々は彼を忘れなかった。人々を魅了したその人気の源を探る。

秀吉を支えた武将 田中吉政
—近畿・東海と九州をつなぐ戦国史—

小身から三十二万石余の太守に成り上がった田中吉政。秀吉の日本改造の計画を推進した能吏の一人、「ミニ秀吉」といわれた土木通大名「吉政」の実像と政策に迫る。

一豊と秀吉が駆けた時代
—夫人が支えた戦国史—

長浜城主、掛川城主、そして土佐藩主に至る山内一豊とその夫人千代に関する史跡・遺品を紹介すると同時に、夫妻が生きた戦国の時代背景を詳述。

戦国大名浅井氏と北近江
—浅井三代から三姉妹へ—

開館二十五周年記念特別展図録。現存する肖像画の数々や書状、刀剣など、浅井氏関連資料のほとんどを網羅。それぞれの人物像と地域の特色を明らかにした論考を収録。

琵琶湖の船が結ぶ絆
—丸木船、丸子船から「うみのこ」まで—

琵琶湖舟運の歴史と琵琶湖の船の変遷を多角的に検証すると同時に北陸・中部と京阪神を結ぶ交通の起点として繁栄した長浜をはじめとする湖周の湊の姿を紹介。さらに琵琶湖観光の今と未来をも探る。

竹生島宝厳寺の歴史と寺宝
—武将たちの信仰と伝来の絵画・書跡—

琵琶湖に浮かぶ信仰の島・竹生島。天皇、名だたる武将も祈願、寄進をし、多くの文書や仏画が遺されている。九カ年をかけて保存修理された書画を解説。